古代歷史文化_{研究輯刊}

古代歷史文化 研究輯刊

二二編

王明蓀 主編

第25冊

西王母信仰研究

黃勇 著

國家圖書館出版品預行編目資料

西王母信仰研究／黃勇 著 — 初版 — 新北市：花木蘭文化事
業有限公司，2019〔民 108〕
目 2+166 面；19×26 公分
（古代歷史文化研究輯刊 二二編；第 25 冊）
ISBN 978-986-485-919-1（精裝）
1. 民間信仰
618   108011829

ISBN-978-986-485-919-1

9 789864 859191

古代歷史文化研究輯刊
二二編　第二五冊　　　　　　ISBN：978-986-485-919-1

西王母信仰研究

作　　者　黃勇
主　　編　王明蓀
總 編 輯　杜潔祥
副總編輯　楊嘉樂
編　　輯　許郁翎、王筑、張雅淋　美術編輯　陳逸婷
出　　版　花木蘭文化事業有限公司
發 行 人　高小娟
聯絡地址　235 新北市中和區中安街七二號十三樓
　　　　　電話：02-2923-1455／傳真：02-2923-1452
網　　址　http://www.huamulan.tw 信箱 hml810518@gmail.com
印　　刷　普羅文化出版廣告事業
初　　版　2019 年 9 月
全書字數　144830 字
定　　價　二二編 25 冊（精裝）台幣 63,000 元　　　版權所有·請勿翻印

西王母信仰研究

黃勇　著

作者簡介

黃勇，男，博士，四川大學文學與新聞學院教授，四川大學中國俗文化研究所專職研究人員。曾任韓國東國大學中文系校際交換學者，韓國延世大學中國研究院客座教授。主要研究方向為中國古代文學、道教文學、中國宗教文化，近年來主研方向為韓國道教史。出版過《道教筆記小說研究》等多部著作，在《世界宗教研究》《宗教學研究》《道家文化研究》《四川大學學報》《韓國研究論叢》《淵民學志》《道教文化研究》等中國及韓國學術期刊發表論文三十餘篇。

提　　要

　　西王母是中國宗教史上最早出現的神靈之一，也是迄今為止仍然對中國人的信仰世界有著重要影響的古老神祇。西王母信仰的來源撲朔迷離，眾說紛紜。雖然甲骨文中已出現「西母」，但是此「西母」是否即西王母，則難以確定。在眾多戰國文獻中出現了許多關於西王母神話的記載，此類神話大體可分為宗教化、歷史地理化、哲理化和祥瑞化四種類型，由此奠定了西王母神話的四種發展模式。四種發展模式中，宗教化發展模式在西王母神話的後世發展中佔據主流地位，且融攝了其他幾種發展模式，西王母神話從而逐漸發展演進為一種宗教信仰。自西漢初年起，西王母神話的內容不斷擴充，並且開始與神仙信仰合流，發生了神仙化轉型。西漢末期，民間社會出現了以西王母崇拜為核心的大規模群眾性宗教運動，預示著西王母神話此時已正式演進為西王母信仰。在漢代，西王母信仰和神仙信仰雖然密切相關，但是，同期流行的原始道教卻對其保持疏離態度。漢魏以降，隨著道教的進一步發展與成熟，以神仙思想為紐帶，道教開始吸收並改造西王母信仰，西王母信仰由此融入道教，西王母也演變為道教尊神。唐宋以來，西王母信仰逐步開始走向世俗化發展方向，並且與一些新興的民間宗教相融合，從而在民間社會產生了更為廣泛且深遠的影響。

教育部人文社會科學重點研究基地重大項目
中國古代民間神靈信仰研究
編號：11JJD750010

目

次

第一章　緒　論

第一節　神話與宗教

在人類文明的史前時代，全球各地廣泛流行著女神崇拜，被崇奉為最高創造主的神祇，往往被認為是女性。然而，進入父系社會之後，隨著男性地位的上升，女性和女神的地位逐漸下降，女神的地位也逐漸被男神取代。正如伊利亞德所說：「出現冶金術後，植物採集和小規模狩獵階段的天神們被男性神逐出了，她們變成為男性神的妻子或者地母。」〔註1〕在進入父系社會之後出現的這場宗教變革中，女神並不盡然都會「變成男性神的妻子或者地母」，其實還存在著女神演變為男神，或者女神從主神的地位下降為男神從屬的現象。比如殷商祭祀中的女性神東母、西母，在戰國時期轉變為男性神東皇、西皇；〔註2〕創造人類、樹立婚姻制度的女媧，淪落為負責為男神做掃尾工作的存在，〔註3〕就是最顯著的例證。

中國宗教史上，西王母可以說是地位最顯赫，影響力最持久，影響面最廣泛，影響度最深遠的女神。西王母往往被認為是中國最早出現的女性神祇，聞一多甚至認為西王母是中國古代民族的「總先妣」。〔註4〕然而，此說仍有值得商榷之處。西王母之名最早見於成書於戰國時代的典籍《山海經》、

〔註1〕 轉引自〔韓〕林炳僖：《韓國神話歷史》，廣州：南方日報出版社，2012 年，第 176 頁。

〔註2〕 饒宗頤：《中國宗教思想史新頁》，北京：北京大學出版社，2000 年，第 109 頁。

〔註3〕 〔韓〕林炳僖：《韓國神話歷史》，廣州：南方日報出版社，2012 年，第 179 頁。

〔註4〕 聞一多：《神話與詩》，武漢：武漢大學出版社，2009 年，第 103 頁。

《莊子》、《竹書紀年》、《穆天子傳》、《荀子》、《世本》之中。雖然殷墟卜辭中已經出現關於「西母」的記載，〔註5〕甚至在卜辭中還發現了「王母」一詞。〔註6〕但是，卜辭時代與戰國時代有近一千餘年的時間斷層，迄今爲止，沒有任何直接證據能證明戰國文獻中的西王母是從卜辭中的「西母」或「王母」演變而來。1983年，在遼寧省凌源與建平兩縣交界處的牛河梁紅山文化遺址中發掘出了具有大型陶塑女神頭像的女神廟，〔註7〕說明最晚在公元前4500～3000的紅山文化時期，中國就已出現了女神崇拜。日本學者小南一郎發現，「西王母的事蹟比其他神話中的神被人化、歷史化爲少的事實，暗示她在中國文化中佔有位置的時期，也比在上古史中多被歷史化而出現的神爲遲」。〔註8〕由此可見，西王母並非中國最早的女神，她是否是中國古代宗教信仰中的「總先妣」，仍需存疑。

作爲中國宗教信仰中最有影響的女性神明，〔註9〕西王母自出現之後，從未經歷過地位逐漸下降，或者被男神取代的命運。相反，隨著歷史的發展，其地位卻在不斷地上升，影響卻在不斷地擴大，和她相關的信仰內容也在不斷地膨脹，與遠古時期的女神信仰隨著文明的演進逐漸式微的發展趨勢形成鮮明對比。這一現象暗示，西王母很可能不是產生於遠古時代的女神，因而她沒有遭受母系社會向父系社會轉型時，女性主神信仰逐漸風化剝落的歷史命運。

在最早明確記載西王母的文獻中，她或爲「其狀如人，豹尾虎齒而善嘯，蓬髮戴勝，是司天之厲及五殘」的刑神；〔註10〕或爲「莫知其始，莫知其終」的得道神聖；〔註11〕或爲西域方國的女王，〔註12〕其神性和形象極不確定。

〔註5〕陳夢家：《古文字中之商周祭祀》，《燕京學報》1936年19期，第131～132頁。
〔註6〕饒宗頤：《中國宗教思想史新頁》，北京：北京大學出版社，2000年，第110頁。
〔註7〕遼寧省文物考古研究所：《遼寧牛河梁紅山文化「女神廟」與積石冢群發掘簡報》，《文物》1986年11期。
〔註8〕〔日〕小南一郎：《中國的神話傳說與古小說》，孫昌武譯，北京：中華書局，2006年，第62～63頁。
〔註9〕袁珂認爲西王母原本是男性，後來才演化爲女性神。參閱袁珂：《中國神話史》，上海：上海文藝出版社，1988年，第46～47頁。袁珂以西王母爲男性神，多出於臆測，並無直接證據，聊備一說。
〔註10〕袁珂：《山海經校注》，成都：巴蜀書社，1996年，第59頁。
〔註11〕（清）郭慶藩《莊子集釋》，北京：中華書局2007年，247頁。
〔註12〕王貽樑、陳建敏：《穆天子傳匯校集釋》，上海：華東師範大學出版社，1994年，第161頁。

尤其值得注意的是，這些文獻中都沒有出現過任何與西王母相關的宗教行爲或宗教儀式的記載。無論是按照宗教構成三要素說，〔註 13〕還是根據宗教構成四要素說，〔註 14〕抑或宗教構成的八維度理論，〔註 15〕宗教行爲、宗教儀式都是一種超自然的觀念得以落實爲流傳於現實社會生活中的宗教信仰的基本要素。職是之故，先秦文獻中的西王母事蹟，恐怕只是口耳相傳的離奇神話故事，而非滲入並影響人們心靈世界的宗教信仰。直到西漢中後期，隨著西王母信仰運動在民間社會的興起，超驗世界中的神明西王母才確立了在民眾信仰中的崇高地位，西王母神話才正式發展成爲一種影響廣泛的宗教信仰。

神話與宗教均指向超驗世界，二者關係極爲密切。「宗教之產生往往是以先前流行的諸多宗教神話故事爲先導的」，〔註 16〕因此，西王母神話隨著歷史的發展，不斷融匯各種文化因素，最終衍變爲以西王母崇拜爲中心的宗教信仰，本是合乎常理的事情。美國學者卜德指出，雖然在早期中國文化中已經出現了一個個的神話，但是以一體化的材料形式出現的成系統的神話學卻沒有形成。〔註 17〕西王母神話自然也不例外，在其最早出現的先秦時代，相關材料之間相互牴牾，駁雜混亂，毫無系統性可言，甚至難以尋覓出西王母神話與同期的其他神話之間的聯繫。這一現象讓人不免會對西王母神話的來源產生懷疑。

神話被認爲「是原始人民的生活狀況和心理狀況之必然的產物」，〔註 18〕「神話的內涵，大致上來講，是指原始生民對自然環境與事象所表達出來的詮釋語言。此一詮釋語言與原始人類的文化生活息息相關，亦爲原始文化的一個部分，絕非憑空杜撰的虛無幻想，於是神話即是生民文化活動的經驗產物，用來表達其內在的思想與其生活的體驗，由此可以瞭解原始生民的群體意識與文化程度。」〔註 19〕然而，先秦的西王母神話並不具有對自然或者社

〔註 13〕段德智：《宗教學》，北京：人民出版社，2010 年，第 129 頁。
〔註 14〕呂大吉：《宗教學通論新編》，北京：中國社會科學出版社，2010 年，第 61 頁。
〔註 15〕楊利慧：《神話與神話學》，北京：北京師範大學出版社，2009 年，第 12 頁。
〔註 16〕段德智：《宗教學》，北京：人民出版社，2010 年，第 132 頁。
〔註 17〕〔英〕崔瑞德、魯惟一編：《劍橋中國秦漢史》，楊品泉等譯，北京：中國社會科學出版社，1992 年，第 702 頁。
〔註 18〕茅盾：《中國神話研究初探》，上海：上海古籍出版社，2005 年，第 5 頁。
〔註 19〕鄭志明：《西王母神話的宗教衍變——神話中的通俗思想》，載《西王母文化研究集成》（論文卷上），桂林：廣西師範大學出版社，2008 年，第 315 頁。原載《中國社會與宗教》，臺北：臺灣學生書局，1986 年。

會生活的解釋功能。其實鄭志明也看出了這一點，他說：「在中國神話傳說中，西王母的內涵與象徵極為特殊，第一，它沒有創世的色彩，不同於盤古與女媧神話；第二，它不是自然崇拜所產生的神話，用來解釋自然現象；第三，它非創造文明的英雄神話。西王母神話中欲表達的是鄉民心靈深處的理想世界，勾畫出人類生活樂園的藍圖，並且在這個世界，提供人類脫離生老病死的桎梏，得到永生不死的保證。」〔註 20〕但是，西王母神話「勾畫人類生活樂園的藍圖」，「提供人類脫離生老病死的桎梏，得到永生不死的保證」的功能，是在西王母神話逐漸融匯神仙思想並發展為一種宗教信仰之後的西漢中後期才出現的，這並不能解釋西王母神話的起源問題。按照神話—儀典派的觀點，神話和儀式是統一體，神話是儀式的口語層面，儀式是神話的表意層面；〔註 21〕「儀式與神話經常互為表裏，儀式是行動象徵，而神話則是語言象徵」，〔註 22〕「神話既創造後，就依附著原始信仰的宗教儀式而保存下來」。〔註 23〕然而，在西王母神話最早出現的先秦時代，全然看不出作為神話「表意層面」的儀式的存在。

神話蘊涵著深刻的信仰因素，在這一點上它和以信仰為核心的宗教的關係密不可分，或者可以說，信仰是神話與宗教的連接點。然而，神話和宗教的這種關係只適用於產生在本土的神話和宗教之間。對來自異質文化的神話而言，至少在其傳入的初期，在其尚未涵化於本土文化之前，外來的神話對傳入地民眾來講，恐怕僅僅只是一個神異的傳奇故事而已。正如我們會對古希臘神話津津樂道，但是並不會去信仰古希臘神話中的那些神祇，並對其產生信仰情懷。只有當外來神話逐漸融入本土文化，與本土文化有機結合並得到重新解釋之後，才有可能獲得新的信仰內容，並隨著歷史的演進逐漸發酵，進而發展成一種宗教信仰傳統。綜合以上所述，從發生學的角度來看，在先秦時期出現得有點突兀的西王母神話，似乎是一個無根的神話，因此不能排除西王母神話有從域外傳入中國的可能性。這也許正是眾多中外學者熱衷於從中亞、波斯、阿拉伯、印度、巴比倫等地尋找西王母神話源頭的根本原因之所在。

〔註 20〕鄭志明：《西王母神話的宗教衍變——神話中的通俗思想》，載《西王母文化研究集成》（論文卷上），桂林：廣西師範大學出版社，2008 年，第 318 頁。

〔註 21〕楊利慧：《神話與神話學》，北京：北京師範大學出版社，2009 年，第 219 頁。

〔註 22〕李豐楙：《仙境與遊歷：神仙世界的想像》，北京：中華書局，2010 年，第 89 頁。

〔註 23〕茅盾：《中國神話研究初探》，上海：上海古籍出版社，2005 年，第 20 頁。

第二節　西王母信仰的演變

先秦文獻對西王母的記載非常簡單，但是自西漢以後，西王母神話及西王母信仰的內容開始急遽膨脹，西王母的形象不斷發生變化，西王母的神性日益豐富多樣，其神格地位也迅速提升。研究者們很早就注意到了西王母神話的這一特徵，茅盾早在初版於 1929 年的《中國神話研究 ABC》一書中就對西王母神話的演化做了精彩的總結：

> 西王母神話之演化，是經過了三個時期的。在中國的原始神話中，西王母是半人半獸的神，「豹尾虎齒，蓬髮戴勝」，「穴處」，「三青鳥為西王母取食」，是「司天之厲及五殘」，即是一位凶神。到了戰國，已經有些演化了，所以《淮南子》公然說「羿請不死之藥於西王母」，而假定可算是戰國時人所作的《穆天子傳》也就不說西王母的異相而能與穆王歌謠和答了。我們從《淮南子》的一句「不死之藥」，可以想見西王母的演化到漢初已是從凶神（司天之厲及五殘）而變為「有不死之藥」的吉神及仙人了。這可以說是第一期的演化。漢武求神仙，招致方士的時候，西王母的演化便進了第二期。於是從「不死之藥」上化出「桃」來：據《漢武故事》的敘述，大概當時頗有以西王母的桃子代表了次等的不死之藥的意義，所以說西王母拒絕了武帝的請求不死之藥，卻給他「三千年一著子」的桃子。這可算是第二期的演化。及至魏晉間，就把西王母完全鋪張成為群仙的領袖，並且是「年可三十許」的麗人，又在三青鳥之外，生出了董雙成等一班侍女來，這是西王母神話的最後演化。〔註24〕

譚正璧在發表於 1935 年的《西王母故事的演化與東王公》一文中也關注了西王母神話的演化問題。他認為西王母神話本來極為簡樸，但是到了神仙思想盛行的漢代，「它逐漸脫去了神話中的神樣，而趨向神仙故事中的神仙化」，其演化的段落十分明顯，到戰國時人作的《穆天子傳》，西王母的形象從《山海經》中「虎面豹尾食鳥的怪物」變成一位文雅的國王。到《漢武故事》和《漢武帝內傳》中一變而為「年可三十許」的麗人。〔註25〕譚正璧對

〔註24〕茅盾：《中國神話研究初探》，上海：上海古籍出版社，2005 年，第 36～37頁。此書初版於 1929 年，原名《中國神話研究 ABC》，1978 年再版時易名為《中國神話研究初探》，此後歷次再版大多沿用這個書名。

〔註25〕譚正璧：《西王母故事的演化與東王公》，載《西王母文化研究集成》（論文卷上），桂林：廣西師範大學出版社，2008 年，第 1～2 頁。原載譚正璧編：《中

西王母神話演化歷程的研究，與茅盾的西王母神話的三階段演化論大體相同，而吳晗對西王母神話演化歷程的研究則更爲細密，他把西王母神話的演化歷程分爲八個階段：

> 從「其狀如人」到「有人戴勝虎齒有豹尾」，由「似人的獸」到「似獸的人」，這是西王母在它的故事中的第一次衍變。……從渺茫的「似獸的人」到眞正的人，這是西王母的第二次衍變。……由眞正的人衍變爲長生不死，求子與求福的目標，灶神，巫祝等多方面發展，並和傳說中更古的人王發生關係，這是西王母的第三次衍變。……哀帝時，西王母從此固定地變成女人，這是西王母故事的第四次衍變。……從陰陽五行的相對，而產生出一位東王公，來配西王母，這是西王母故事的第五次衍變。……由東王公的產生到西王母的結婚，這是西王母故事的第六次衍變。……歷代君王與西王母發生關係，是第七次衍變。西王母成爲統轄同性的神仙，是第八次衍變。〔註26〕

茅盾等人的研究思路在後世產生了巨大影響，後來的研究者在研究西王母信仰演變時大多沿襲這一研究思路，出現了大量觀點較爲接近的研究成果。然而，這一研究思路主要關注的是西王母形象和神性的變化，對內容極爲駁雜的西王母信仰而言，僅僅關注其形象和神性的變化是遠遠不夠的。因而，近年來又出現了一些從宗教信仰史和文化史等多維角度研究西王母信仰演化史的觀點。施芳雅把西王母的演化分爲神話傳說階段的西王母、道教傳說中神仙化的西王母、文學藝術上的西王母與民間信仰的西王母等三個階段。〔註27〕鄭志明的觀點與施芳雅較爲接近，他也把西王母的演化分爲三個階段：「第一爲先秦至兩漢神話傳說中的西王母；第二爲東漢末年至宋代道教經傳中的西王母；第三爲明代至今民間宗教結社信仰的西王母。」〔註28〕李秋香則從信

國小說發達史》，上海：光明書局，1935年。

〔註26〕吳晗：《西王母的傳說》，載《西王母文化研究集成》（論文卷上），桂林：廣西師範大學出版社，2008年，第405～409頁。原載《吳晗文集》第一卷，北京：北京出版社，1988年。

〔註27〕施芳雅：《西王母故事的衍變》，載《西王母文化研究集成》（論文卷中），桂林：廣西師範大學出版社，2008年，第913頁。原載鄭志明主編：《西王母信仰》，臺北南華管理學院，1997年。

〔註28〕鄭志明：《西王母神話的宗教衍變——神話中的通俗思想》，載《西王母文化研究集成》（論文卷上），桂林：廣西師範大學出版社，2008年，第317頁。

仰民俗構建的角度，梳理了西王母作爲異地神靈被中國接受認同，並成爲影響廣泛的民眾信仰對象的構建過程。〔註29〕施芳雅、鄭志明、李秋香等人的觀點，可以說代表著一種新的研究思路。

以上所述的研究思路及在此研究思路指導下取得的大量研究成果，固然有其重要的學術價值，然而也存在著不可迴避的理論缺陷。不可否認，此類研究的潛在理據是歷史演進一元論的單線進化思想。其實，在研究工作中有意無意地從歷史演進一元論的角度思考問題，是中國學者進行學術研究時非常普遍存在的現象，這和20世紀以來社會進化論思想對中國學術界深入骨髓的影響密不可分。〔註30〕社會進化論又稱社會達爾文主義，是自然進化論在社會生活領域的應運，其基本預設是人類社會的發展如同自然界的發展一般具有連續性，且有規律可循。然而，這種看似科學的理論預設的合理性其實早已受到質疑。〔註31〕正如福柯所說，人類社會畢竟不同於純物質的自然界，社會發展中更多的似乎不是連續，而是斷裂。〔註32〕因此，西王母神話的發展是否真的像研究者們描述的那樣井然有序，且呈現出一種有條不紊的延續性，尚需存疑。

在以社會進化論中的單線進化思想爲理據，對西王母信仰的演化問題進行的研究中，存在著諸多弊端與疏漏。首先，有意或無意地迴避材料的時間性。比如認爲《穆天子傳》中西王母的「人王」形象是由《山海經》中半人半獸形象發展而來，就是最顯著的例子。《山海經》與《穆天子傳》同爲戰國古籍，在其產生時間孰先孰後尚不能確定的情況下，就貿然認爲《穆天子傳》中的西王母形象是由《山海經》演化而來，是一種極不嚴謹的學術態度。其實在《山海經》中最晚成書的部分《大荒西經》裏，〔註33〕西王母的形象仍

〔註29〕　李秋香：《論秦漢時期西王母信仰民俗的構建──兼論異地文化認同》，《世界宗教研究》2013年第5期。

〔註30〕　參閱童恩正：《論摩爾根的模式與中國的原始社會史研究》，載《童恩正文集·學術系列·人類與文化》，重慶出版社，1998年。余英時：《論天人之際──中國古代思想起源試探》，北京：中華書局，2014年，第3～7頁。

〔註31〕　參閱拙著《道教筆記小說研究》，成都：四川大學出版社，2007年，第5頁。

〔註32〕　〔法〕米歇爾·福柯：《知識考古學》，謝強、馬月譯，北京：三聯書店，1998年，第1～19頁。

〔註33〕　學術界一般認爲《山海經》中《大荒經》成書最遲，或是漢代的產物，袁珂則認爲《大荒經》最早產生。前一觀點是學術界主流觀點，持此論者甚多，茲不贅引。袁珂的觀點可參閱袁珂：《山海經校注》，成都：巴蜀書社，1996年，第358頁；《中國神話史》，上海：上海文藝出版社，1988年，第47頁。

然是「戴勝，虎齒，有豹尾」。〔註34〕在沒有證據能證明《穆天子傳》產生時間晚於《大荒經》的情況下，就得出《穆天子傳》的西王母形象是從《山海經》演化而來的結論，顯然是很輕率的。而且在產生時間早於《大荒經》的《莊子》等先秦文獻裏，西王母也並不是《山海經》中半人半獸的形象。由此可見，認爲西王母的「人王」形象是由半人半獸形象演進而來的觀點，顯然有故意迴避文獻之間矛盾的嫌疑，其背後隱藏的其實是一種宗教發展必然「由野而文」的進化論思想。其次，論證鏈條缺乏中間環節。比如說西王母形象由半人半獸演化爲「人王」，再由形象模糊的「人王」演化爲形象華貴的中年女仙，由中年女仙演化爲居於崑崙墉城的女仙首領。對西王母這一形象的演化過程，多數研究者無非是列舉不同文獻中記載的西王母形象，然後按照文獻產生的先後順序對西王母的形象進行排比，〔註35〕由此得出西王母形象的演化規律。然而，西王母的甲形象如何演化爲乙形象，兩者之間的中間環節是什麼，則少有人關注。因此，這種僅僅靠排列文獻得出的觀點，其可靠性有多大，依然尚需存疑。再次，把複雜問題簡單化。西王母信仰是一個非常複雜的宗教信仰傳統，其發展過程中信仰內容不斷膨脹，吸收的各種文化因素日益複雜多樣，因此也呈現出不同的發展趨向。以單線進化思想爲潛在理據的研究，爲西王母神話或者西王母信仰的發展描繪出一條井然有序、有條不紊的發展演進線索，看似清晰明瞭，實際上是把複雜問題簡單化的理論惰性的表現。

這種用單線圖式描繪西王母信仰發展進程的研究方法，實質上是從觀點出發，以材料證明觀點；而不是從材料出發，由材料演繹觀點。在此研究方法指導下的研究，材料不過是爲了證明預設觀點的證據，因此不可避免會導致有意無意地迴避材料，或者不甄別材料就貿然使用材料以證成己說的主觀

〔註34〕袁珂：《山海經校注》，成都：巴蜀書社，1996年，第466頁。
〔註35〕記載西王母的早期文獻，其產生時間大多數不能確定。例如，先秦古書大多並不成於一人之手，也並不成書於相同時代，即使同一本書中的不同篇章，其成書時間往往都會有相隔數十年甚至上百年的可能性；再如，常常被用來作爲西王母形象不斷發生演化的證據的漢魏文獻《漢武故事》、《漢武帝別國洞冥記》、《漢武帝內傳》、《漢武帝外傳》、《西王母傳》等書，其成書時間及真僞等問題都還沒有能被普遍接受的定論，而且似乎也難以得出確切的結論。因此，研究者按照文獻產生的時間順序，通過排比材料，觀察材料所反映出的西王母形象的變化來總結西王母信仰演化規律的研究方法，其前提和根基本身就存在問題。

性過強的研究風氣。由此得出的結論，難以經得起推敲。西王母信仰無論在其出現之初，還是在後來的發展之中，都非常複雜，即使在相同的歷史時期，西王母信仰都會呈現出不同的面貌和內容。因此，西王母信仰的發展並不是單線演進，而是複線發展，有著不同的發展趨向。

第三節　西王母信仰的特徵

西王母信仰是一個內容非常駁雜的綜合體，無論在其剛剛出現的時期，還是在後世的發展之中，西王母信仰的內容都不具同質性，表現出較大的差異性，其發展進程也並不是沿著單一線條向前發展的演進系統。有些信仰內容在某些時代得到了蓬勃發展，但是後來又忽然銷聲匿跡；有些信仰內容則隨著時代的發展不斷發生變化，並吸收新的文化因素，形成了內容更為豐富的信仰體系；隨著時代的發展，還會有一些新的信仰因素匯入西王母信仰之中，並逐漸發展成為一種影響巨大的信仰傳統。而且，不同內容和取向的西王母信仰往往會在相同的歷史時期並行不悖，呈現出一種錯綜複雜的狀態。

其實，一些學者早已注意到了西王母信仰駁雜多元的特徵。小南一郎曾在《西王母與七夕文化傳承》一文中指出：「在中國文化史的發展潮流中，自古至今，西王母呈現出種種姿態。即使幾乎是同一時代，例如《山海經》與《穆天子傳》中的西王母，也常常顯示完全不同的相貌。這可說是由於其背後的傳承性質各異，因而人們所見到的姿態也各種各樣。如果把其各種性質的傳承最簡單化地歸納，可大致分為神話的（宗教的）傳承和傳說的傳承兩類。」〔註36〕王孝廉把西王母信仰分為神話傳說中的西王母、哲學宗教上的西王母和歷史地理上的西王母三種類型。〔註37〕弗拉卡索通過研究早期文獻中對西王母的記載，把西王母信仰劃分為北方系、南方系及西南系三個系統。〔註38〕張勳燎則認為西王母傳說可以區分為中原文化系統和南方文化系統兩

〔註36〕〔日〕小南一郎：《中國的神話傳說與古小說》，孫昌武譯，北京：中華書局，2006 年，第 41 頁。

〔註37〕王孝廉：《西王母與周穆王》，載《西王母文化研究集成》（論文卷中），桂林：廣西師範大學出版社，2008 年，第 716～719 頁。原載李亦園、王秋桂主編：《中國神話與傳說學術研討會論文集》上冊，臺北：漢學研究中心、天恩出版社，1996 年。

〔註38〕〔美〕簡·詹姆斯：《漢代西王母的圖像志研究》，《美術研究》1997 年第 2、3 期。

種類型。〔註39〕

正如以上學者所說的那樣，西王母在其作為神話傳說出現的先秦時代，就表現出不同的取向特徵。《山海經》中以神明面目出現的西王母，無疑代表著西王母信仰宗教化發展的起點，這一發展取向成為西王母信仰在後世發展的主流。《莊子》中的西王母則代表著西王母神話的哲學化發展路向，後世道經中的西王母「理氣」說，可以說就是哲學化的西王母向道教神學發展的進一步延伸，《莊子》中「莫知其始，莫知其終」的西王母，〔註40〕就是上清派奉西王母為最高神祇之一的發端。〔註41〕《竹書紀年》、《穆天子傳》、《荀子》中的西王母，則是西部方國女王的形象，代表著時人對西王母的歷史地理化認知。隨著漢帝國向亞洲大陸西部世界的拓展，對西王母的歷史地理化認知得到進一步發展，西王母之國的地理位置逐愈推愈西。〔註42〕然而，隨著漢帝國勢力的衰落，從地理學的角度認知西王母的潮流也逐漸消歇。《竹書紀年》關於「舜九年，西王母來朝，獻白玉環玦」〔註43〕的記載，代表著西王母信仰向祥瑞化方向發展的趨向，這一趨向在漢代緯書和子書中得到了充分發展，但是隨著讖緯思想的式微，西王母的祥瑞化特徵逐漸消失。

西王母信仰在後世也一直呈現出異常蕪雜的多面性，例如在西王母信仰被道教上清經派吸收、西王母成為女仙之首的六朝時代，在民間信仰中，西王母卻被奉為掌管幽冥世界的「地下主」。如孫吳黃武四年（225）九江男子買丘券云：「客死豫章，從東王公、西王母，買南昌東郭一丘」；〔註44〕晉咸寧四年（278）朱曼地契云：「有志薛地，當詣土伯，任知者，東王公西王聖母，如天帝律令」；〔註45〕元康元年（291）李達墓買地券云：「今從天買地，

〔註39〕 張勳燎、白彬：《中國道教考古》第 3 冊，北京：線裝書局，2006 年，第 802 頁。

〔註40〕 （清）郭慶藩《莊子集釋》，北京：中華書局 2007 年，247 頁。

〔註41〕 施芳雅：《西王母故事的衍變》，載《西王母文化研究集成》（論文卷中），桂林：廣西師範大學出版社，2008 年，第 916 頁。

〔註42〕 呂思勉：《西王母考》，載《西王母文化研究集成》（論文卷上），桂林：廣西師範大學出版社，2008 年，第 12 頁。原載《說文月刊》1936 年第 1 卷第 9 期。

〔註43〕 王國維：《今本竹書紀年疏證》，見方詩銘《古本竹書紀年輯證》附錄，上海：上海古籍出版社，1981 年，第 198 頁。

〔註44〕 李豐楙：《仙境與遊歷：神仙世界的想像》，北京：中華書局，2010 年，第 119 頁。

〔註45〕 方介堪：《晉朱曼妻薛買地宅卷》，《文物》1965 年 6 期。

從地買宅……雇錢三百，華巾三尺，任知者，東王公西王母，若後志宅，當
詣東王公西王母是了，如律令。」〔註 46〕另外，西王母所表現出的神性特徵
也同樣複雜多樣。同一個西王母，有些學者認爲她是「主刑殺」的凶神，〔註
47〕有些學者認爲她是吉神，〔註 48〕有些學者認爲她是死神，〔註 49〕有些學者
認爲她是樂神，〔註 50〕有些學者認爲她是統和二元要素的宇宙大神，〔註 51〕
有些學者認爲她是玉神、山神、火神，〔註 52〕有些學者認爲她是月亮女神，〔註
53〕如此等等，不一而足。其實，西王母神性的複雜多樣正是西王母信仰駁雜
性特徵的集中體現。

　　西王母信仰的內容雖然駁雜多樣，且容易發生變化，但是在一定的歷史
時期，西王母信仰中也有一些較爲持久的不變項。比如《山海經》中提到的
「勝」就是一例。「勝」的原型是固定在抽出織機前橫木兩端以控制橫木運轉
的「榺花」，具有驅魔的作用，是象徵天下太平的祥瑞。〔註 54〕在現存大量漢
代西王母圖像中，「勝」成爲鑒別西王母的重要標誌，〔註 55〕說明在從戰國到
兩漢的數百年間，西王母「戴勝」的特徵沒有發生過變化。但是自漢魏以後，

〔註 46〕 羅宗眞：《魏晉南北朝考古》，北京：文物出版社，2001 年，第 166 頁。
〔註 47〕 （清）郝懿行：《山海經箋疏》，成都：巴蜀書社，1985 年，第 117 頁。
〔註 48〕 陳連山：《〈山海經〉西王母的吉神屬性考》，載《西王母文化研究集成》（論
　　　　文卷續編一），桂林：廣西師範大學出版社，2011 年，第 1～11 頁。
〔註 49〕 陸思賢：《西王母善「虎」嘯是秋天季候風神話——新石器時代「人虎紋」圖
　　　　形探討》，載《西王母文化研究集成》（論文卷中），桂林：廣西師範大學出版
　　　　社，2008 年，第 699 頁。
〔註 50〕 蒲亨強：《道教樂神西王母考略》，載四川大學宗教研究所編《道教神仙信仰
　　　　研究》，香港：中華道統出版社，2000 年，第 327～340 頁。
〔註 51〕 〔日〕小南一郎：《中國的神話傳說與古小說》，孫昌武譯，北京：中華書局，
　　　　2006 年，第 123 頁。
〔註 52〕 蕭兵：《楚辭與神話》，南京：江蘇古籍出版社，1987 年，第 445 頁。
〔註 53〕 丁謙：《穆天子傳考證》，見《西王母文化研究集成》（論文卷上），桂林：廣
　　　　西師範大學出版社，2008 年，第 82 頁。黃濤：《西王母神話與月亮神話的關
　　　　聯》，載《西王母文化研究集成》（論文卷續編一），桂林：廣西師範大學出版
　　　　社，2008 年，第 83～89 頁。
〔註 54〕 〔日〕小南一郎：《中國的神話傳說與古小說》，孫昌武譯，北京：中華書局，
　　　　2006 年，第 50～62 頁。
〔註 55〕 也有極個別西王母沒有戴勝的畫像，如山東微山縣兩城鄉西王母、伏羲、女
　　　　媧畫像，西王母就沒有戴勝，但是她身旁有「西王母」三字榜題。出現這種
　　　　情況可能是因爲在製作時出現了不可挽回的偏差，加刻榜題是爲了糾正偏差
　　　　以確定人物身份。參閱邢義田：《畫爲心聲：畫像石、畫像磚與壁畫》，北京：
　　　　中華書局，2012 年，第 87 頁。

隨著西王母信仰逐漸向道教化方向的發展，「戴勝」的特徵雖然還有殘存，但已經逐漸淡化。李豐楙先生認爲西王母信仰「經歷了一段長時期的變動，在『變相』中卻始終維持其不變的『本相』，就是象徵方位的神話思維」。〔註56〕自東漢時期西王母的對偶神東王公正式出現以後，西王母信仰中象徵方位的「本相」，無論在墓葬圖像中，還是在道教經典中都得到了強化，並且長期維持不變。然而，隨著宋以後西王母信仰逐漸轉向民俗化的發展方向，西王母信仰的方位特徵也出現了逐漸淡化的發展趨勢，西王母的名稱在民眾話語中逐漸被「王母娘娘」一詞所取代，作爲方位特徵的「西」字已不再受到重視。總體來看，西王母信仰中似乎只有長生不死的因素，以及西王母作爲女仙之首的女性神特徵，在漫長的西王母信仰不斷發生衍變的歷程中從來沒有發生過變化，是西王母信仰中最恒久的不變項。

自西漢中後期西王母信仰運動興起之後，西王母信仰可以說一直是中國古代宗教信仰中最重要的信仰傳統之一。然而，它卻更多地是以民間信仰的形態在中國文化的小傳統中傳播發展，從來未能眞正上升爲官方信仰，西王母也未能在正統宗教中獲得崇高地位。《史記・封禪書》和《漢書・郊祀志》中都沒有任何有關祭祀西王母的記錄。雖然《漢舊儀》中有「祭王母於石室，皆在所，二千石令長奉祀」的記載，〔註57〕但是僅此一條孤證並不能證明西王母在當時眞的已經進入官方祭祀體系。即使在後世，西王母也很少能進入官方祀典。〔註58〕漢魏以後，西王母信仰逐漸被道教吸收，西王母甚至被奉爲九靈太妙龜山金母，總領墉城群仙，〔註59〕但是她在道教神譜中的地位並不顯赫。在陶弘景的《眞靈位業圖》中，她甚至名列王方平、茅君、周義山、許穆、楊羲、裴玄仁等眾多晚出仙眞之後。〔註60〕西王母信仰在民眾中產生

〔註56〕 李豐楙：《仙境與遊歷：神仙世界的想像》，北京：中華書局，2010年，第10頁。

〔註57〕 （宋）李昉：《太平御覽》卷五二六《禮儀部五》引衛宏《漢舊儀》，北京：中華書局，1960年，第2388頁。

〔註58〕 《舊唐書・高宗本紀》載：「永淳二年春下月甲午朔，幸奉天宮，遣使祭嵩嶽、少室、箕山、具茨等山，西王母、啓母、許由等祠。」此次祭祀可以說是官方祭祀，但是類似祭祀在後世並不多見。參閱《舊唐書》，北京：中華書局，1975年，第110頁。吳眞：《爲神性加注》，北京：中國社會科學出版社，第12頁。

〔註59〕 《墉城集仙錄》，《道藏》第18冊，北京、上海、天津：文物出版社、上海書店、天津古籍出版社，1988年，第186頁。

〔註60〕 王家葵：《眞靈位業圖校理》，北京：中華書局，2013年，第65頁。

巨大影響，西王母在民眾心目中獲得顯赫地位，其實主要借助了民間祠祀以及小說、戲曲等通俗文學。「官方宗教的目的在求國家社會的福祉，民間信仰則多半爲了民眾自身一己的利益」。〔註61〕西王母信仰主要關注的是民眾的「一己之福」，沒有太多爲國家求福祉的弘大崇高的宗教訴求，這恐怕正是西王母信仰不受官方宗教青睞，卻能夠貼近民眾，盛行於民間的根本原因。

〔註61〕蒲慕州：《追尋一己之福：中國古代的信仰世界》，上海：上海古籍出版社，第 15 頁。

第二章　西王母神話的來源及 其基本模式

　　有關西王母神話的記載，最早見諸戰國文獻。在殷墟卜辭和其他先秦文獻中，還出現了名稱特徵與西王母非常相似的西母、西皇和王母。但是，無論是西母、西皇還是王母，都跟西王母神話沒有直接關聯。西王母神話在戰國時期忽然出現於眾多文獻記載之中，是一個非常突兀的文化現象。從文化傳播論的角度來看，西王母神話很可能是從域外傳入的外來神話。按照神話發展的一般規律，神話從「一體」衍生出「多面」，是神話在流傳過程中出現的常見現象。然而，西王母神話在最早出現於文獻記載之時，便呈現出一種「多面相」的特徵，說明這一神話在流傳過程中受到了不同地區的區域文化的影響。在戰國時代，西王母神話既已形成了四種發展模式，即宗教化發展模式、哲理化發展模式、歷史地理化發展模式和祥瑞化發展模式，呈現出一種複線演進的發展態勢。在西王母神話的發展歷程中，宗教化發展模式成為主流發展模式，其他發展模式在後世或湮沒於歷史長河之中，或融入宗教化發展模式之中。

第一節　西母、王母與西王母

　　西王母通常被認為是中國最早出現的神祇。如緒論中所引，聞一多甚至認為西王母是中國古代民族的「總先妣」，[註1]就是最具代表性的觀點。然

〔註1〕聞一多：《神話與詩》，武漢：武漢大學出版社，2009年，第103頁。

而，考察古代文獻可知，西王母在戰國時期的典籍之中才見諸記載。在西王母見諸載籍之前，中國早已出現了大量神祇。因此，僅就傳世文獻來看，西王母似乎並不能算是最古老的神靈。隨著殷墟卜辭的發現及研究的深入，上世紀三十年代，陳夢家先生就發現了在殷墟卜辭中有一個和西王母的名稱較爲相似的被稱作西母的神明。西母在卜辭中往往被與東母並舉，主要記載如下：

（1）貞尞于東母三牛。

（2）乙酉卜獻貞尞于東母九牛。

（3）尞于東母豕三犬三。

（4）貞尞于東母三豕。

（6）貞于東母出□。

（7）壬申卜貞出于東母西母，若。

（8）貞于西母酻帝（禘）。〔註2〕

丁山認爲：「『西母』，周以來的文獻中既尊之曰『西王母』。」〔註3〕也就是說，卜辭中的西母就是東周文獻記載中的西王母。但是，東周文獻記載西王母上距卜辭記載西母有一千年左右的時間間隔，沒有任何直接證據可以證明二者是同一神明。丁山此論的主要依據是「天子拜日於東門之外」，〔註4〕祭日於東，祭月於西，故而東母當是日神，西母當是月神；又據《淮南子・覽冥訓》「羿請不死之藥於西王母，姮娥竊以奔月」，〔註5〕及《歸藏》「昔常娥以西王母不死之藥服之，遂奔，爲月精」〔註6〕之說，認爲「西王母即月精」，〔註7〕因而，作爲月精的西王母自然就應該是卜辭中的西母。姑且不說丁山的論證

〔註2〕 此處所引卜辭，均轉錄自陳夢家：《古文字中之商周祭祀》，《燕京學報》1936年19期；饒宗頤：《談古代神明的性別——東母西母說》，見氏著《中國宗教思想史新頁》，北京：北京大學出版社，2000年，第110頁。

〔註3〕 丁山：《中國古代宗教與神話考》，上海：上海書店出版社，2013年，第76頁。

〔註4〕 《儀禮注疏》，阮元校刻《十三經注疏》本，北京：中華書局，1982年，第1093頁。

〔註5〕 何寧：《淮南子集釋》，北京：中華書局，1998年，第501頁。

〔註6〕 （梁）蕭統編、（唐）李善注：《文選》卷13《月賦》注引《歸藏》，上海：上海古籍出版社，1986年，第600頁。亦見《北堂書鈔》卷150，《太平御覽》卷984。按：丁山所引文字與原文略有出入。

〔註7〕 丁山：《中國古代宗教與神話考》，上海：上海書店出版社，2013年，第74～75頁。

是否嚴密，僅僅就他用以證明「西王母即月精」的材料而言，這些材料均是漢人新說，是否能夠證明戰國文獻中的西王母就是月神，尚需商榷。〔註8〕

多數學者對西母是否即西王母持審慎態度。陳夢家認為，「《史記・封禪書》、《楚辭・九歌・東君》並有『東君』之神，《廣雅・釋天》曰：『東君，日也。』疑即東母，殷人尊母系，祀典與男系等，故稱日神為東母，殷以後男系專權，遂賜日神以君名」，因而東母、西母可能是日月之神。〔註9〕饒宗頤認為，卜辭中的東母、西母是代表陰陽的女性神，到戰國時期演變為陽性神東皇西皇，但是「西母、王母是否即西王母，不敢遽定。」〔註10〕張光直推測，卜辭中的西母或許就是東周載籍中所稱的西王母，但是西王母與月神的本貌相差甚遠。〔註11〕日本學者小南一郎對此也同樣持謹慎態度，他說：「根據陳夢家的意見，在殷卜辭所見『西母』神身上，已可見到西王母的蹤影。但在卜辭中所見『西母』的例子並不多，只知道它是享受『燎』祭的具有強烈自然神格的神，並被當作是與『東母』相對待的神（不見『南母』或『北母』）。如此等等，對於它與後世的西王母是否有直接繼承關係，即使可以作出種種判斷，但加以確認是有困難的。」〔註12〕

東周神話中與卜辭所記東母、西母較為接近的對偶神是東皇與西皇，主要見於楚辭文學之中：

> 《離騷》云：「詔西皇使涉予。」王逸注：「西皇，帝少皞也。」
> 洪興祖補注：「少皞以金德王，白金之君，故曰西皇。《遠遊》注云：西皇所居，在西海之津。」〔註13〕

> 《遠遊》云：「遇蓐收乎西皇。」王逸注：「遇少陰神於海津也。西方庚辛，其帝少皓，其神蓐收。西皇，即少皓也。《離騷經》曰：

〔註8〕　王孝廉的觀點相對較為審慎，但與丁山大致相同，他認為「神話中的西王母具有月神的性格，那麼卜辭所見的西母，也就很可能是文獻中出現最早的西王母了。」參閱王孝廉：《西王母與周穆王》，見《西王母文化研究集成論文卷》中卷，桂林：廣西師範大學出版社，2008年，第715頁。

〔註9〕　陳夢家：《古文字中之商周祭祀》，《燕京學報》1936年19期，第131頁。

〔註10〕　饒宗頤：《談古代神明的性別——東母西母說》，見氏著《中國宗教思想史新頁》，北京：北京大學出版社，2000年，第111頁。

〔註11〕　張光直：《中國青銅時代》，北京：三聯書店，1999年，第373頁。

〔註12〕　〔日〕小南一郎：《中國的神話傳說與古小說》，孫昌武譯，北京：中華書局，2006年，第26～27頁。

〔註13〕　（宋）洪興祖：《楚辭補注》，北京：中華書局，2006年，第45頁。

召西皇使涉予。知西皇所居，在於西海之津也。」洪興祖補注：「《山海經》：西方神蓐收，左耳有蛇，乘兩龍，人面白色，有毛，虎爪，執鉞，金神也。太公《金匱》曰：西皇之神曰蓐收。《國語》云：虢公夢在廟，有神，人面白毛虎爪，執鉞，立於西阿。召史囂占之，對曰：如君之言，則蓐收也。《左傳》云：金正爲蓐收。」〔註14〕

《九歌·東皇太一》，五臣云：「太一，星名，天之尊神。祠在楚東，以配東帝，故云東皇。」〔註15〕

後人以五行思想解釋東皇、西皇，從某種程度來講，或許有「以今釋古」的嫌疑。從《楚辭》原文來看，似乎也看不出東皇、西皇和東母、西母之間有直接繼承關係。東皇、西皇作爲方位神的特徵是顯而易見的，但是否像東母、西母一樣，其神性中也有日月和陰陽的因素，則遂難輕易判定。在《楚辭》中，代表日神的是東君，而非東皇。〔註16〕另外，在《九歌》所祀諸神中只有日神而無月神，也值得注意。這似乎也能進一步證明，東皇、西皇與東母、西母之間並不一定有關聯。

能夠證明代表陰性神的西母即西王母，最有力的證據出自《吳越春秋》一書。《吳越春秋·句踐陰謀外傳》云：

大夫種曰：「夫欲報怨復仇，破吳滅敵者，有九術……一曰尊天事鬼，以求其福……」越王曰：「善。」乃行第一術，立東郊以祭陽，名曰東皇公。立西郊以祭陰，名曰西王母，祭陵山於會稽，祀水澤於江州，事鬼神一年，國不被災。〔註17〕

此外，《史記索隱》引述譙周的說法也與《吳越春秋》之說較爲相似。

索隱：《穆天子傳》曰：「穆王與西王母觴於瑤池之上，作歌」，是樂而忘歸也。譙周不信此事，而云：「余常聞之，代俗以東西陰陽所出入，宗其神，謂之王父母。」〔註18〕

〔註14〕（宋）洪興祖：《楚辭補注》，北京：中華書局，2006年，第170頁。

〔註15〕（宋）洪興祖：《楚辭補注》，北京：中華書局，2006年，第57頁。

〔註16〕《楚辭·九歌》中有《東君》篇，洪興祖引《博雅》曰：「東君，日也。《漢書·郊祀志》有東君。」參閱（宋）洪興祖：《楚辭補注》，北京：中華書局，2006年，第76頁。

〔註17〕周生春：《吳越春秋輯校匯考》，上海：上海古籍出版社，1997年，第142～143頁。

〔註18〕《史記》卷四十三《趙世家》，北京：中華書局，1963年，第1779頁。

譙周所說「代俗」祭祀的王父母中的「母」，據其文意，稱其爲西王母應該沒有疑義。因此，有些學者據此認爲卜辭中的西母即西王母。然而，卜辭中與西母相對的東母是陰性神，而非《吳越春秋》或譙周所說的東皇父或東王父那樣的陽性神。當然，我們也可以推測，陰性神東母在後世逐漸演變爲陽性神東皇公或東王父，但這只是一種缺乏證據鏈條的推測，不宜輕易判爲定論。以東西配陰陽是殷商古俗，在《楚辭》中代表東西方位的神變成了東皇、西皇，且均爲陽性神。按照饒宗頤先生的研究，這對陽性神是由陰性神東母、西母演變而來。〔註19〕陰性神演變爲陽性神本是宗教發展的一般規律。但是在《吳越春秋》和譙周的記載中，代表東西和陰陽的神，其神性卻和東西方位的陰陽屬性完全一致，一爲陰性神，一爲陽性神。跟《楚辭》中東西方位神均爲陽性神相比，顯得更加井然有序，而且更加符合陰陽相對的神格配置原則。這種對神靈性別非常理想化的配置格局，很明顯受到了後世嚴格區分陰陽的觀念之影響。此其一。卜辭中的西母是自然神格的神，但是《山海經》等先秦典籍中記載的西王母則沒有自然神的色彩，二者之間的神格並無相通之處。此其二。第三，《吳越春秋》的作者一般認爲是後漢趙曄，雖然該書的作者和成書年代還有頗多爭議，但是判爲漢魏古籍則無疑義。漢魏時代上距東周已有數百年的時間懸隔，漢魏之人記載東周時代的宗教習俗，是否會夾雜當時的觀念也需引起注意。再則，《吳越春秋》雖稱史書，但是其中多有荒誕迂怪之說，早已有人視其爲小說，其中所記之事是否是信史，還需存疑。因此，關於東周時代東西兩位方位神的性別配置，不可輕信《吳越春秋》之說。第四，譙周所說代俗祭祀中的「王父母」應是其所處時代的宗教習俗，代表陰的西方神爲西王母似乎沒有疑義。但是，譙周和趙曄所處時代正值西王母信仰盛極一時，他們以當時流行的西王母去比附殷商以來代表陰陽和日月出入的二神中的西方神並非沒有可能。其實，以東西配陰陽，並在東西方位祭祀日神和月神，在周代仍然非常盛行，並且一直是非常重要的官方祀典，先秦典籍對此多有記載：

　　　　《大戴禮記‧保傅》：「三代之禮，天子春朝朝日，秋莫夕月，
　　　所以明有別也。」韋注云：「禮，天子以春分朝日，以秋分夕月，拜
　　　日於東門之外，然則夕月在西門之外必矣。」盧注云：「祭日東壇，

─────────────

〔註19〕饒宗頤：《談古代神明的性別——東母西母說》，見氏著《中國宗教思想史新頁》，北京：北京大學出版社，2000年，第112頁。

祭月西壇，所以別內外，以端其位，教天下之臣也。」〔註20〕

《禮記·祭義》：「祭日於壇，祭月於坎，以別幽明，以制上下。祭日於東，祭月於西，以別內外，以端其位。日出於東，月生於西，陰陽長短，終始相巡，以致天下之和。」〔註21〕

《國語·魯語》：「是故天子大采朝日，與三公九卿祖識地德；日中考政，與百官之政事，師尹惟旅、牧、相宣序民事；少采夕月，與太史司載糾虔天刑；日入監九御，使潔奉禘郊之粢盛，而後即安。諸侯朝修天子之業命，晝考其國職，夕省其典形，夜儆百工，使無慆淫，而後即安。〔註22〕

《國語·周語》：「古者，先王既有天下，又崇立上帝。明神而敬事之，於是有朝日夕月，以教民事君。」〔註23〕

由此可見，對東西兩個方位的祭祀主要關注的是陰陽協和，其祭祀對象是日月之神。但是，對日月之神的性別屬性，先秦典籍並沒有作明確記錄。考察漢魏時代的西王母信仰可以發現，西王母信仰雖然也強調方位特徵和陰的屬性，但是西王母信仰與月神崇拜並無直接關聯。因此，《吳越春秋》和譙周認為代表陰的西方神即西王母，難脫牽強比附之嫌。

除了西母之外，上古文獻中出現的「王母」一詞也值得注意，「王母」與西王母是否有關聯也需考察。「王母」一詞首見於殷墟卜辭。據饒宗頤先生之說，「王母」在卜辭中凡兩見：

（1）貞乎王女（母）燕（嬿）。

（2）……卜出貞：乎田（戍）王母來。〔註24〕

由於缺乏材料支撐，卜辭中王母的具體所指不得而知。另外，西周金文中也多次出現「王母」一詞。1965 年，洛陽老城東北 2.5 公里處北窯村西龐家溝西周墓出土編號 M352：1 的銅簋殘片，殘存銘文 3 行 10 字：

口肇乍（作）王母」用言（享）孝友□」朋友□」

〔註20〕 （清）王聘珍：《大戴禮記解詁》，北京：中華書局，1983 年，第 53 頁。

〔註21〕 （清）孫希旦：《禮記集解》，北京：中華書局，1989 年，第 1217 頁。

〔註22〕 《國語·魯語下》，上海：上海古籍出版社，1978 年，第 205 頁。

〔註23〕 《國語·周語上》，上海：上海古籍出版社，1978 年，第 37 頁。

〔註24〕 此處所引卜辭，均轉錄自饒宗頤：《談古代神明的性別——東母西母說》，見氏著《中國宗教思想史新頁》，北京：北京大學出版社，2000 年，第 110 頁。

此外，傳世的散季簋銘亦有包含「王母」一詞的銘文：

　　　　隹王四年八月初吉丁亥，散季肇乍（作）朕王母叔姜寶簋，散

季其萬年子子孫孫永寶。〔註25〕

「王母」還見於王母鬲和帥隹鼎的銘文：

　　　　王母鬲：王作王母歔宮尊鬲。

　　　　帥隹鼎銘：帥隹懋塍（兄）念王母」董任自乍（作）後，王母屍」

商（賞）氏（厥）文母魯公孫用」**鼎**（鼎）。乃顧子帥隹王母」〔隹〕

用自念于周公孫子，曰余子母（庸）又**諲**。」〔註26〕

清人阮元認爲王母鬲銘文中的「王母」乃「父之妣也」。〔註27〕唐蘭先生考定
帥隹鼎爲周穆王時之吉金，並指出：「金文罕見王母，此或生存之祖母之稱。」
〔註28〕《爾雅‧釋親》曰：「父之考爲王父，父之妣爲王母。」郭璞注云：「如
王者，尊之也。」〔註29〕可見金文中的「王母」實際上是對「父之妣」，也即
祖母的尊稱，而不是神靈。

　　除了金文以外，傳世先秦文獻中也不乏有關「王母」的記載，如《易經‧
晉卦》曰：

　　　　六二，晉如愁如，貞吉，受茲介福於其王母。〔註30〕

杜而未認爲《易經》所說的王母「就是西王母神話形成的依據」。〔註31〕但是，
從《晉卦》原文來看，似乎看不出此處所說的「王母」有神話的色彩。高亨
先生認爲：「受茲介福於其王母，蓋謂王母嘉其功勞，賜之爵祿，爵祿即大福
也。此疑亦康叔故事，《詩‧思齊》曰：『思齊大任，文王之母。』康叔乃文
王之子，則康叔之王母，即大任矣。蓋康叔帥師，進侵敵國，迫之使降，實

〔註25〕蔡運章：《洛陽北窰西周墓青銅器銘文簡論》，《文物》1996 年第 7 期，第 54
　　　　～69 頁。
〔註26〕唐蘭：《西周青銅器銘文分代史徵》，北京：中華書局，1986 年，第 340 頁。
〔註27〕阮元編：《積古齋鐘鼎彝器款識》，《叢書集成初編》本，上海：商務印書館叢
　　　　書，1937 年，第 420 頁。
〔註28〕唐蘭：《西周青銅器銘文分代史徵》，北京：中華書局，1986 年，第 341 頁。
〔註29〕《爾雅注疏》，阮元校刻《十三經注疏》本，北京：中華書局，1982 年，第
　　　　2592 頁。
〔註30〕《周易正義》，阮元校刻《十三經注疏》本，北京：中華書局，1982 年，第
　　　　49 頁。
〔註31〕杜而未：《崑崙文化與不死觀念》，見《西王母文化研究集成論文卷》上卷，
　　　　桂林：廣西師範大學出版社，2008 年，第 157 頁。原載《宗教叢書》，臺北：
　　　　臺灣學生書局，1978 年，第 1～89 頁。

得吉占，大妊嘉其功勞，命文王或武王賜之爵祿，故記之曰晉如愁如，貞吉，受茲介福於其王母。」〔註32〕高亨之說甚有道理，據此說可知，《晉卦》所謂「王母」與金文中「王母」一詞的涵義相同，不過是對祖母的尊稱而已，與神話中的西王母並無關聯。

又如《管子‧輕重己》云：

> 以春日至始，數九十二日，謂之夏至，而麥熟。天子祀於太宗，其盛以麥。麥者，穀之始也。宗者，族之始也。同族者入，殊族者處。皆齊大材，出祭王母。天子所以主始而忌諱也。〔註33〕

劉宗迪認爲天子於夏至所祭之「王母」即西王母。〔註34〕然而，此說僅是臆測之詞。〔註35〕《管子》中提到的「王母」，除了名稱和西王母接近之外，並沒有任何證據顯示二者是同一位神靈。何如璋據蔡邕《獨斷》「王者父事天，母事地」之說，認爲「此文有『出』字，疑指夏至祀地方澤之祭。」〔註36〕何如璋之說甚是。顯而易見，此處作爲「祀地方澤之祭」的祭祀對象的「王母」不可能是西王母。

另外，「王母」一詞還見於雲夢睡虎地秦墓出土的竹簡《疾篇》：

> 甲乙有疾，禺御於豕肉，王父欲殺生人，爲祟有病者，必五病而□。

> 丙丁有疾，王父爲祟，得赤肉雄雞酒。

> 戊己有疾，巫堪行，王母爲祟，得之於黃色索魚、菫、酒。〔註37〕

顯而易見，這裡的王父王母是指已經過世的「父之考妣」，和譙周所說「東西陰陽所出入，宗其神，謂之王父母」的王父母並不是一回事。過世的王父母甚至會爲鬼作祟於子孫，使之患病，〔註38〕因此需要對其進行祭

〔註32〕高亨：《周易古經今注》，北京：中華書局，1987年，第261～262頁。

〔註33〕黎翔鳳：《管子校注》，北京：中華書局，2004年，第1535頁。

〔註34〕劉宗迪：《西王母神話的本土文化背景和民俗淵源》，《杭州師範學院學報》（社會科學版）2005年第3期。

〔註35〕陳金文：《論西王母信仰「東方起源」並「秋嘗儀式」說之不成立——與劉宗迪博士商榷》，《青海社會科學》2011年第5期。

〔註36〕黎翔鳳：《管子校注》，北京：中華書局，2004年，第1536頁。

〔註37〕《雲夢睡虎地秦墓》編寫組：《雲夢睡虎地秦墓》，北京：文物出版社，1981年，附錄圖版159。

〔註38〕蒲慕州：《追尋一己之福：中國古代的信仰世界》，上海：上海古籍出版社，第81頁。

祀。〔註39〕由此可見，先秦文獻中的王母，或爲在世的祖母，或爲去世的先祖母，並非普遍的神靈。雖然睡虎地秦墓竹簡中的王母死後爲鬼，有神靈的特徵，但也並非是受到民眾普遍信仰的公共神靈。

綜上所考，甲骨文中的西母是代表西方的方位神，與代表東方的方位神東母相對，一爲月神，一爲日神，且均爲陰性神。這種校理陰陽的宗教觀念在後世得到延續，在周代進一步發展爲「祭日於東，祭月於西」，「陰陽長短，終始相巡，以致天下之和」的國家祀典，但是東、西兩位方位神的性別並不清楚。《楚辭》中的東皇、西皇均爲陽性神，雖然符合陰性神演化爲陽性神的神靈性別演化的一般規律，但是，東皇、西皇儘管代表著東西兩個方位，二者卻並不一定與陰陽和日月相關，因此難以斷定他們是由東母、西母演變而來。到漢魏時代，通過對東西及日月的祭祀以校理陰陽的國家祀典逐漸式微，下降爲地方性的宗教習俗：一爲譙周所說的代俗，一爲《吳越春秋》所附會的吳越古俗。受嚴格區分陰陽的觀念之影響，其中代表東及陽的陰性神逐漸演變爲陽性神東皇父或東王父，而代表西及月的神靈則仍然保持著陰性神的特徵，並被進一步附會爲當時流行的西王母。西周金文及秦簡中出現的王母，則是對在世的或者已經逝世的祖母或先祖母的尊稱，和西王母沒有任何關係。離開人世的王母雖然具有作崇於生人的超自然力量，但也僅僅是對其家族成員有影響力的神靈，而不是西王母那種受到民眾普遍信仰的公共神靈。由此可見，西母、王母和西王母雖然在名稱上有共通性，但是她們之間實際上並沒有任何必然的關聯。就現存傳世文獻及出土文物來看，沒有任何相關證據能證明在《山海經》等戰國文獻正式記錄西王母之前，中國人的宗教信仰世界中就已出現了西王母的痕跡。據蒲慕州的研究，《山海經》中大多數神靈的性質、能力均不明顯，而西王母的性格和職司卻記載地相當清晰，〔註40〕可見西王母在當時已經是很有影響力的神靈。然而，西王母這一在戰國時代既已具有較大影響力的神靈，其來源卻顯得撲朔迷離。

〔註39〕中國古代宗教觀念注重對去世親人的祭祀，其中既有「慎終追遠」的宗教情懷和祈福的宗教訴求，同時還認爲去世的親人會作祟於活著的人，因而需對去世的親人進行祭祀。此外，還有對死者作祟於生者的防範措施，漢魏道教中著名的注鬼說就是從這一觀念發展出的宗教理論。請參閱張勳燎：《東漢墓葬出土解注器和天師道的起源》，見張勳燎、白斌：《中國道教考古》第 1 冊，北京：線裝書局，2006 年。

〔註40〕蒲慕州：《追尋一己之福：中國古代的信仰世界》，上海：上海古籍出版社，第 93～94 頁。

第二節　西王母神話的來源

　　戰國時代的多部典籍中都有關於西王母的記載，而且在相關記載中，西王母的形象及性格特徵，以及其職司都相對比較清晰。儘管在不同典籍中西王母的面目不盡相同，其間的差異甚至讓人不免要懷疑這些典籍中記載的西王母是否是同一個對象。但是，西王母在相關典籍中呈現出的這種多面性特徵，也從另一個側面說明，關於西王母的神話傳說在戰國時期已經非常流行。西王母形象的這種多面性特徵，恐怕正是相關神話傳說在流傳過程中出現歧變的結果。神話傳說在流傳過程中發生歧變，本是文化傳播中的常見現象，不足為奇。然而，考察相關戰國文獻對西王母的記載還會發現，她與其他早期神話傳說以及早期出現的神靈之間似乎沒有多少聯繫，而且在更早的文獻及出土文物中，也找不到西王母在被《山海經》等戰國文獻正式記錄之前既已存在的確鑿證據。從文化系統論的角度來看，這是一個非常值得注意的現象。西王母在毫無任何跡象的情況下，忽然在戰國時期出現於眾多典籍記載之中，顯得非常突兀。這就讓人難免會懷疑她是否是從其他神話系統中進入中國的神話系統中的神明。於是，自現代學術體系建立以來，關於西王母神話的來源就成為了眾多學者關注的焦點問題之一。

　　就西王母的名稱特點及相關記載來看，西王母神話應該和亞洲的中、西部地區有密切關聯。所以大多數學者在尋找西王母神話的起源地時，紛紛把目光投向中國以西的廣闊地域。比如，劉師培在《穆天子傳補疑》一書中就認為：

> 　　蔥嶺東西，阿姆河南北，均漢塞種所居，即周代西膜之人所居。西膜者，種名也。考之西籍，謂之古代亞洲西境，達於中亞以東，為塞迷種所居。西膜即塞迷之轉音，塞又西膜之省音也。（卷二）
>
> 　　西王母為極西古國，蓋西膜轉音為西王母，緩讀之則中有助音。古人以中土字音逐寫之則為西王母……今波斯附近在西周時為阿西利亞所宅，此之西王母，殆即古阿西利亞（後之安息國即阿西之音轉）。瑤池，弇山、溫山，潀水均在其地。（卷三）〔註41〕

據劉師培之說，西王母是「西膜」的漢語音譯，本為西亞種族之名。劉師培的觀點也得到了章太炎的認同，章太炎同樣認為西王母與西膜同音，即塞米

〔註41〕劉師培：《穆天子傳補疑》，見《劉申叔先生遺書》卅六冊，北京修綆堂 1934 年刊本。

種，穆王西征所見正是以「西王母」爲地名的塞米族酋長。〔註42〕朱芳圃沿襲此說，進一步指出：「嫫母即西王母的演變，蓋西王母本名爲獏，獏與母同音通用，流俗相傳，誤以爲女性的尊稱」，「從《山海經》所載居處、形狀、服飾考之，當爲西方獏族的圖騰神像。」〔註43〕

　　與劉師培、章太炎認爲西王母爲西亞種族名不同，丁謙則認爲西王母應爲古迦勒底國之月神。他在《穆天子傳考證》一書中指出：

> 竊謂西王母者，古迦勒底國之月神也。《軒轅黃帝傳》言：「時有神西王母，太陰之精，天帝之女。」可爲月神確證。考迦勒底建都於幼發拉底河西濱，名曰吾耳（一作威而）城，有大月神宮殿，窮極華美，爲當時崇拜偶像之中心點（見《興國史譚》）。又其國合諸小邦而成，無統一之王，外人但稱爲月神國。以中國語意譯之則曰西王母，即稱其國爲西王母國。嗣並移而名其國之王。而彼地史書，實無此神名，無此國名，無此王名也。自是國統雖易，中國人稱之如故。〔註44〕

丁謙的觀點得到了凌純聲的認可，凌純聲並進一步修正此說曰：「丁氏謂西王母者，古迦勒底國之月神。建都吾耳（ur）城有大月神宮殿等語，但後又云：『而彼地史書，實無此神名。』此言不確，古代蘇末和阿喀稱月神爲 sin，有時拼成 si-in 或 si-en'nu，尤其後者音很近『西王母』三字」，「西王母原在西亞兩河流域」。〔註45〕

　　庫爾班‧外力則認爲西王母神話源自印度，其原型是印度的雪山女神烏摩。烏摩（Umā）是印度的雪山女神，她有善良和殘忍兩種形象。

> 　　烏摩善良的形象，與《穆天子傳》裏的說法相似，而殘忍的形象與《山海經》裏的說法吻合。……「王」字切韻雨方切，轉寫成拉丁字是 Uang，「母」字切韻莫厚切，轉寫成拉丁字是 Mou，Uang＋Mou（-ng 與 M 連聲時同化於 M）＝Uammou。烏摩的梵文音是

〔註42〕　章太炎：《訄書重訂本‧序種姓十七上》，《章太炎全集》第三冊，上海：上海人民出版社，1984 年，第 175 頁。

〔註43〕　朱芳圃：《西王母》，見《西王母文化研究集成論文卷》上卷，桂林：廣西師範大學出版社，2008 年，第 259、253 頁。原載朱芳圃：《中國古代神話與史實》，鄭州：中州書畫社，1982 年。

〔註44〕　丁謙：《穆天子傳考證》，轉引自《西王母文化研究集成論文卷》上卷，桂林：廣西師範大學出版社，2008 年，第 82 頁。

〔註45〕　凌純聲：《崑崙丘與西王母》，《中央研究院民族學研究所集刊》1966 年第 22 期。

Umā，在古代漢譯梵典的翻譯家一般都用 o／ou／au 的韻母音譯梵文以 a／ā 爲尾音的音節。……根據漢譯梵文人名、地名和專有名詞的一貫範例，Umā 的漢譯語音是 Uammou，即西王母。〔註46〕

除以上所舉觀點之外，關於西王母神話起源地的具體位置，還有眾多不同觀點，或謂源自波斯、或謂源自阿拉伯、或謂源自巴倫、或謂源自美索不達米亞、或謂源自撒馬爾罕、或謂源自青藏高原，眾說紛紜，不一而足，此不贅述。〔註47〕

與西王母神話自西向東傳播的觀點不同，還有些學者認爲西王母神話的傳播方向是自東向西。如顧實就認爲自稱「我惟帝女」的西王母即周穆王之女，是被派到西亞的波斯德黑蘭統治當地人民的中國女王。〔註48〕據此，關於西王母的種種傳說，其根源自然應當在中國。然而，顧實此說太過牽強，難以令人信服。蕭兵則認爲西王母是「以羌人『帝女』遠嫁白人塞種之國，由於當地殘存著所謂『母系』的制度或風習，得以成爲女主」。〔註49〕據此，關於西王母的傳說當源自中國西部的羌戎民族。雖然西王母的「帝女」身份由周穆王之女轉化爲羌人「帝女」，然而此說仍然難逃附會之嫌。姚寶瑄聲稱：「查中國神譜中西王母一款，可知她係四千年至五千年前的一位古代羌戎氏族中信仰的原始薩滿教中之薩滿，同時又係一母系氏族之酋長……隨遠古時期羌戎人的東西遷徙，其入中原爲商代的『西母』，闖中亞、西亞則成爲手持不死之樹的『女皇上帝』」。然而其所查能證明西王母是羌戎人薩滿的「神譜」是何方秘笈，卻不得而知！其實，他用以證明西王母神話是隨羌戎民族西遷向西傳播的最重要的證據，無非是印度、突厥等地相關神明名稱的發音與西王母的發音較爲接近。〔註50〕何光岳的研究思路也與前揭諸家相仿，他認爲：

〔註46〕 庫爾班・外力：《西王母新考》，《新疆社會科學》1982 年第 3 期。

〔註47〕 已有學者對關於西王母信仰起源地的主要研究觀點做過較爲系統的梳理，可參閱蕭兵：《中亞羌種女王西王母——兼論華夏、羌戎與西域—中亞的血肉之情》，《淮陰師範學院學報》1998 年第 1 期；黃景春、鄭豔：《西王母瑤池蟠桃會的歷史考察》，見《西王母文化研究集成論文卷》續編一，桂林：廣西師範大學出版社，2008 年，第 42 頁。

〔註48〕 顧實：《穆天子傳西征講疏》，上海：商務印書館，1934 年，第 160～162 頁。

〔註49〕 蕭兵：《中亞羌種女王西王母——兼論華夏、羌戎與西域—中亞的血肉之情》，《淮陰師範學院學報》1998 年第 1 期。

〔註50〕 姚寶瑄：《域外西王母神話新證》，見《西王母文化研究集成論文卷》上卷，桂林：廣西師範大學出版社，2008 年，第 344 頁。原載袁珂主編《中國神話》第一集，中國神話學會主辦，中國民間文藝出版社，1987 年。

「西王母乃來自虞幕有虞氏的一個分支逐漸西遷者，母、幕、莫、媒均爲同音通假。因西遷是幕人分佈最西者，故稱西母、西謨、西膜，因其立國稱王，故又稱西王母。」〔註 51〕有虞氏即五帝中帝舜所屬部落。據何光岳之說，中亞地區的西王母部族乃是華夏民族的分支。

　　前揭關於西王母神話傳播諸說，無論是自西向東傳播之說，還是自東向西傳播之說，在論證過程中都存在大量證據鏈條之間的空白，而這些空白往往是通過推測甚至是臆測來填補。從中亞、西亞、印度等地的神話中找到一個發音與西王母的讀音相似的神明，便聲稱西王母的名稱是這些神明的名稱在漢譯時發生音轉的結果，是此類研究中最常用的研究方法。這種在缺乏堅實的證據支撐的情況下，僅憑「音轉」原則和一些簡單的類推比附就下結論的研究方法，從某種角度來說，帶有一定程度的理論惰性，其結論必然是穿鑿附會。於是，在這種研究方法指導下，西王母便與互不相干的眾多西方神明攀上了親緣關係，讓人莫衷一是。這種研究方法正如王孝廉批評的那樣：「中國古書上說帝舜有兩個瞳孔，所以他的名字叫重華，而項羽也是有兩個瞳孔的，可是不會有一個中國人認爲大舜即是項羽……那我們又如何能從古代蘇膜（Sumer）是月神名 Sin，而推出中國的西王母即是蘇膜月神 Si-en-nu 的音譯？巴比倫有聖山名 Zikkurat，中國有聖山崑崙，Zikkurt 音近崑崙，於是崑崙即是巴比倫聖山的翻版，亦可用以指兩河流域的帝都了嗎？西王母『豹尾虎齒而善嘯』，就表示她是『虎豹圖騰氏族』了嗎？西王母的母字通膜，膜又通猱，於是西王母又變成了猿猴圖騰了嗎？」「如果我們承認東西方同時有不同人種存在，我們也必須承認東西方同時存在著不同的神話傳說和文化現象。祭神的儀式和祭壇的構築，諸神的神格、神相和神跡也存在著許多的相同或相似，但並不一定就是一體的分化。」〔註 52〕王孝廉的批評雖然也略顯偏頗，其認爲神格、神相和神跡相同或相似的諸神「不一定就是一體分化」的觀點，雖然有忽視文化傳播作用的些微傾向，但總體來說還是比較中肯的。

　　除了在中國以西的世界尋找西王母來源的研究之外，近年來還出現了一些在中國本土尋找西王母神話起源地的研究，即西王母神話的東部起源說，如何幼琦就認爲西王母氏族活動地區爲濟南、章丘一帶，因而西王母神話應

〔註51〕何光岳：《西王母的來源和遷徙》，《青海社會科學》1990 年第 6 期。
〔註52〕王孝廉：《西王母與周穆王》，見《西王母文化研究集成論文卷》中卷，桂林：廣西師範大學出版社，2008 年，第 723 頁。原載李亦園、王秋桂主編：《中國神話與傳說學術研討會論文集》上冊，漢學研究中心，天恩出版社，1996。

該起源於中國東部地區。〔註53〕此外，呂繼祥〔註54〕、翁銀陶〔註55〕、劉宗迪等學者亦持此說，其中以劉宗迪的觀點影響較大。劉宗迪認為西王母神話起源於中國東部地區的主要證據有二：其一，西漢末年大規模的民間宗教運動，即「傳西王母籌」運動是自關東地區向西傳入京師；其二，《管子·輕重己》云：「以春日至始，數九十二日，謂之夏至，而麥熟。天子祀於太宗，其盛以麥。麥者，穀之始也。宗者，族之始也。同族者入，殊族者處。皆齊大材，出祭王母。天子所以主始而忌諱也。」〔註56〕劉宗迪據此認為，「夏至祭西王母，這可能是戰國時代東方西王母崇拜所留下的惟一確鑿可憑的文獻線索」。〔註57〕但是，正如陳金文批評的那樣，「就文化傳播的規律來講，某種文化的發源地，一般都曾是該文化的流行之地，但該文化的流行之地卻未必一定就是其發祥地」，「古代文獻中的『王母』並不一定就是『西王母』」，「《管子·輕重己》篇所云『王母』乃是指天子父親死去的母親或者天子死去的祖母」。〔註58〕可見西王母神話起源於東部說也同樣缺乏可靠的證據。

考察西王母神話起源諸說我們可以發現，無論是西方起源說還是東部起源說，幾乎所有的相關研究都是以戰國以後新出文獻，甚至是更晚出的道教文獻以及域外文獻為主要研究資料來附會先秦文獻進行論證。西王母神話最早出現於先秦時期，因此，先秦文獻才是研究西王母神話來源的最可靠的第一手資料。然而，目前所發現的所有和西王母神話相關的先秦時期的資料，數量極其有限，而且相互牴牾，僅憑這些材料很難探究出西王母神話的來源。職是之故，採用戰國以後晚出文獻為佐證來研究西王母神話的起源問題，是不得已的選擇。晚出文獻固然也有其重要的價值，但畢竟只能算第二手資料。這些資料中難免會夾雜著後人的歷史經驗和觀念因素，受後出的歷史經驗和思想觀念的影響，這些資料所承載的關於先秦時期西王母神話的歷史信息難免會發生扭曲和變形。以其為輔助性材料研究西王母神話的來源，固然無可厚非。但是，以其為基礎材料進行研究，其結論的可靠性就難免會令人產生

〔註53〕 何幼琦：《〈海經〉新探》，《歷史研究》1985 年第 2 期。
〔註54〕 呂繼祥：《關於西王母傳說起源地的探索》，《民間文學論壇》1986 年第 6 期。
〔註55〕 翁銀陶：《西王母為東夷族刑神考》，《民間文學論壇》1985 年第 1 期。
〔註56〕 黎翔鳳：《管子校注》，北京：中華書局，2004 年，第 1535 頁。
〔註57〕 劉宗迪：《西王母神話地域淵源考》，《民俗研究》2005 年第 2 期。
〔註58〕 陳金文：《論西王母信仰「東方起源」並「秋嘗儀式」說之不成立——與劉宗迪博士商榷》，《青海社會科學》2011 年第 5 期。

質疑。然而，因爲在西王母神話最早出現的先秦時代，與其相關的文獻記載數量有限，不足以支撐此項研究，所以從晚出文獻中挖掘相關材料以彌補先秦文獻的不足，可以說是進行此項研究唯一的選擇。由此可見，研究西王母神話的來源問題，在方法論上面臨著一個無法克服的兩難境地。

在沒有任何早期跡象的情況之下，西王母神話在戰國時期忽然出現在眾多文獻載籍之中，而且在不同典籍中其特徵又各不相同，這就不能不說是一個出現得非常突兀的文化現象。神話傳說在流傳過程中會不斷發生歧變，是文化傳播的常有之事，不足爲奇。神話傳說在流傳過程中發生歧變的一般規律通常是由「一體」衍化出「多面」。但是，西王母神話在出現之始便呈現出一種多面性特徵，而且在「多面」的背後，卻找不到作爲其共同來源的「一體」，這就不能不令人稱奇。出現這一奇特現象最大的可能性是，西王母神話是從其他神話系統通過不同渠道進入中國神話系統的。記載西王母神話的先秦典籍中，除了《莊子》未明言其空間方位外，其他典籍均把其所在的空間方位指向西方，因此，如果西王母神話眞的像我們推測的那樣是外來的神話傳說，那麼其發源地應該在中國以西的是廣闊地域。

其實，所有關於西王母神話起源的研究從根本上來講，討論的都是一個文化傳播的問題。要討論文化傳播問題，最起碼需要滿足邢義田先生所說的兩個基本條件：「（1）具體舉出文化傳播的過程和路線證據；（2）說明是什麼力量或媒介促成文化的傳播。如果僅僅羅列類似物品、信仰、藝術造型或現象等等的時代先後，就說中國的源自西方，或者說西方的來自中國，都有所不足，也難有較大的說服力。」〔註59〕如果不能滿足這兩個條件，無論研究者的思維是多麼的活躍靈動，論證鏈條編織的是多麼的綿密細膩，文章的謀篇布局是多麼的精巧別致，最終都只不過是凌空蹈虛的穿鑿附會之說。

雖然大體可以推定西王母神話是從域外傳入中國的，但是，要以確鑿可信的證據鏈條爲支撐，構擬出西王母神話傳入中國的過程和路線，並說明是什麼力量以及通過什麼媒介促成了這項文化傳播事業，則是一項幾乎不可能完成的工作。儘管一些學者也描繪出了較爲清晰的西王母神話的傳播路線，可是他們用以構擬西王母神話傳播路線的證據均以晚出的第二手材料爲主，而且證據和證據之間往往存在著空白環節，無法構成切實可信的證據鏈條。

〔註59〕邢義田：《畫爲心聲：畫像石、畫像磚與壁畫》，北京：中華書局，2012 年，第 459 頁。

在相關研究中,證據鏈條中間的空白環節往往是依靠想像、推測甚至是臆測來填補。這種研究從本質上來講,仍然是像邢義田先生所說的那樣,「僅僅羅列類似物品、信仰、藝術造型或現象等等的時代先後,就說中國的源自西方,或者說西方的來自中國」,最終難脫牽強附會的嫌疑,因而難以有較大的說服力。由於第一手資料的嚴重缺失,關於西王母神話來源的問題,從根本上來看,可以說是一個無解的問題。其實,這也是上古文化研究中普遍存在的問題。對同一個上古文化現象,不同的研究者常常會給出南轅北轍的解釋,其根本原因也正在於由於缺乏可信的第一手材料,本應由客觀材料為主要支撐的客觀性學術研究,不得不讓位於想像力。因而在相關研究中,在看似嚴密的邏輯論證的背後,實際上卻是由飄忽不定的主觀心靈在暗中發揮著主導作用。

對在中國兩千多年的宗教信仰史上佔有極其重要的地位,並具有廣泛而深遠影響力的西王母信仰而言,其來源雖然基本上是個無解的問題,但是,這個問題與中國的宗教信仰文化並無直接的關係,因而並不重要。重要的是這一在戰國時期就已廣為流傳的蘊涵著信仰因素的神話傳說,如何在民間逐漸演進為一種宗教信仰,並進而掀起了聲勢浩大的民間信仰運動,以及西王母信仰形成後如何在後世不斷發生分化、流變、膨脹、轉型,如何對中國人的信仰世界產生了深遠的影響等問題。

第三節　西王母神話的發展模式

西王母神話自出現之始,便呈現出一種多面性特徵。在最早記載西王母神話的先秦時代的不同文獻中,其身份、形象、性格、神性、職司均有很大差異。其間差異之大,令人錯愕,甚至會讓人產生不同文獻中的「西王母」這一符號能指,其所指對象是否相同的疑慮。但是,在相同的文本系統中,西王母的各種特徵卻基本保持一致。以《山海經》為例,雖然該書並非成於一時,最晚出的《大荒經》甚至有可能到秦漢之際才成書,但是在該書成書時間不同的篇目中,關於西王母的記載卻沒有太大的差別。儘管像一些學者所指出的那樣,《山海經》中的西王母形象也曾出現了一個逐漸演變的過程,〔註60〕然而,她作為一個異形神靈的特徵並未發生根本的變化。可見,《山海

〔註60〕袁珂:《中國神話史》,上海:上海文藝出版社,1988年,第46～47頁。

經》中的西王母是一個自成體系的神話系統。又如，在出自魏國的汲冢古書《穆天子傳》和《竹書紀年》中，西王母一直以西方遐荒絕域中的「人王」形象出現，這代表著西王母神話的另一個神話系統。《莊子》、《荀子》、《世本》等戰國古籍中，〔註61〕關於西王母的記載僅一見，自然不可能比較這些典籍中對西王母的記載是否一致。由此可見，在先秦時代就已出現了不同的西王母神話系統。然而，我們卻無法為這些具有較大差異性的神話系統找到共同的早期來源。這似乎只能解釋為：西王母神話是通過不同渠道從域外傳入中國的。西王母神話在流傳過程中，又受到不同地域文化的影響，衍生出帶有中國地域文化特徵的新的神話系統，並被相應的文本記錄下來。

考察先秦典籍可以發現，相關文獻對西王母的形象定位有兩種傾向：其一，強調西王母的神性特徵；其二，重視西王母帶有神異色彩的人性特徵。前者以《山海經》和《莊子》為代表，後者以《荀子》、《穆天子傳》、《竹書紀年》、《世本》為代表。蒙文通先生認為：「《山海經》十八篇雖是一部離奇神怪的書，但它絕不可能如《四庫提要》所擬議的那樣，是一部閉門臆造的小說。春秋戰國時代，各國都有它所流傳的代表它的傳統文化的古籍，鄒魯有《六藝》、齊有《五官技》、楚有《三墳》、《五典》、《八索》、《九丘》，孔子之宋而得《乾坤》，之杞而得《夏時》，巴蜀之地也當有它自己的書，《山海經》就可能是巴蜀地域所流傳的代表巴蜀文化的古籍。」〔註62〕袁珂、翁銀陶等學者則認為《山海經》是戰國時期楚人的作品，〔註63〕翁銀陶甚至還進一步指認該書成書於楚懷王時期。〔註64〕無論《山海經》是巴蜀的傳統古籍，還是楚人的作品，該書出於南方文化傳統則沒有疑義。《莊子》是戰國時期南方道家的代表性著作，〔註65〕與《山海經》同出南方文化傳統。南方文化重巫尚鬼，崇尚奇幻，《山海經》和《莊子》中的西王母形象表現出的

〔註61〕《列子・周穆王》篇中也有較多關於西王母的記載，但是《列子》一書的真偽問題疑點較多，爭議較大，為慎重起見，本文不擬將《列子》視為先秦典籍。

〔註62〕 蒙文通：《略論〈山海經〉的寫作時代及其產生地域》，《中華文化論叢》1962年第1輯，第62頁。

〔註63〕 袁珂：《〈山海經〉的寫作時地及篇目考》，見氏著《神話論文集》，上海：上海古籍出版社，1982年，第1～25頁。翁銀陶：《〈山海經〉產於楚地七證》，《江漢論壇》1984年第2期。

〔註64〕 翁銀陶：《〈山海經〉作於楚懷王末年考》，《求索》1987年第5期。

〔註65〕 王葆玹：《南北道家貴陰貴陽說之歧異》，陳鼓應主編《道教文化研究》第十五輯，北京：三聯書店，1999年，第59頁。

一種明顯的神性特徵，恐怕正是沾染南方文化的這一特徵所致。汲冢古書《竹書紀年》和《穆天子傳》出自魏國，荀子係戰國趙人，《世本》亦出自戰國末期的趙人之手。〔註66〕趙、魏二國同屬三晉文化區。質重尚實乃三晉文化的重要特徵，以上諸書中的西王母形象雖然也帶有較爲顯著的神異色彩，但是具有人性特徵的「人王」形象則是其基本底色。以此揆之，西王母的「人王」形象應是受質重尚實的三晉地區文化風習影響所致。由此可見，西王母在中國文化中出現之始就表現出的那種多面性特徵，其產生的根源是外來的神話傳說在中國不同地區傳播時，受到了不同地域的文化風尚的影響。因此，戰國文獻中西王母形象之間的差異，實際上摺射著中國不同地區的地域文化特徵。

從文化傳播的一般規律來看，任何一種文化事項具有差異性的「多面」，往往是從具有同一性的「一體」分衍而來。作爲從其他神話系統滲入中國神話系統的西王母神話，其傳入中國之後必然會經歷一個從口頭傳播到載諸書契的漫長過程。西王母神話是以「一體」的形式傳入中國，還是在域外已經分化爲「多面」後才傳入中國，已無從得知。不過，對西王母信仰而言，其域外的源頭並不重要。西王母神話在中國經過漫長的流傳，在其見諸載籍之時既已表現爲「多面」，而後世的西王母信仰均以先秦時期形成的「多面」爲起點向前演進。從西王母信仰由僅僅帶有信仰因素的神話演變爲具有廣泛影響力的宗教信仰的漢代開始，西王母信仰就不具同一性，沿著不同的方向複線演進，每一根演進線條都能在先秦找到其源頭。也就是說，在先秦時代就已形成了後世西王母信仰的基本模式，奠定了西王母信仰的基本發展方向。考察先秦典籍可以發現，西王母神話在先秦時期就已形成了幾種潛在的發展模式，這些模式是後世西王母信仰發展的根基。後世的西王母信仰均按照這幾種模式漸次演進，有些模式得到了充分發展，成爲西王母信仰的主流；有些模式則逐漸式微，或悄然消失，或融入其他發展模式之中，從而構成了豐富多彩的西王母信仰發展演化的歷史。先秦時期形成的西王母信仰的模式可以說構成了西王母信仰的「根基歷史」，〔註67〕主要有以下幾種：

〔註66〕陳夢家：《世本考略》，見《六國紀年》附錄，上海：學習生活出版社，1955年，第 137 頁。

〔註67〕關於「根基歷史」的概念，請參閱孫衛國《傳說、歷史與認同：檀君朝鮮與箕子朝鮮歷史之塑造與演變》，載復旦大學文史研究院編：《從周邊看中國》，北京：中華書局，2009 年，第 313 頁。

1. 宗教化的發展模式

西王母是在中國人的信仰世界中享有非常重要的地位的神明。在漫長的宗教發展史上，圍繞著西王母這一神明形成了極為複雜的西王母信仰傳統。雖然西王母並非中國最早出現的神明，然而，同期甚至是更早期出現的神明大多只能在某一歷史時期產生較大影響，隨著歷史的發展，相關信仰或者逐漸消歇，或者影響力逐漸弱化，而西王母信仰則表現出一種極為頑強的生命力。自其產生之後兩千多年的歷史上，西王母信仰幾乎從未出現過消歇頓挫的情況。隨著歷史的發展，西王母信仰不斷吸收各種文化因素，信仰內容不斷膨脹，影響力不斷擴大，她對民眾信仰世界的影響是任何早期神明所無法比擬的。因此，從這個角度看，西王母可以說是中國宗教史上最資深的神明。

西王母信仰的宗教化發展方向，可以追溯至《山海經》。在強調西王母的神性特徵的《山海經》一書中，初步奠定了西王母信仰的宗教化發展模式。後世對西王母神性特徵的演繹，無一能繞開《山海經》對西王母形象及職司的描述。《山海經》是一部什麼性質的書，歷代爭議頗大。在第一次著錄《山海經》的《漢書‧藝文志》中，《山海經》被歸入方技略形法類，後世史志書錄大多把《山海經》列入史部地理類，明人胡應麟則視其為「古今語怪之祖」。〔註68〕自《四庫提要》把《山海經》定性為小說之後，該書又被認為是志怪小說的源頭。〔註69〕魯迅則認為《山海經》「所載祠神之物多用糈（精米），與巫術合，蓋古之巫書也。」〔註70〕羅永麟繼承了魯迅定性《山海經》為「古之巫書」之說，進一步指出：「整部《山海經》實際不過是古代巫師、方士以其所具有的歷史和地理知識，附會民間神話、仙話、傳說和奇聞怪事而編成的一部巫書。也就是一部古志怪故事書。……實際就是巫師（方士）之流，施行巫術儀式時，所講的神怪故事的結集而已。」〔註71〕《山海經》多記上古神物，在小說觀念尚未形成的時代，該書不可能是純粹的文學作品自不待言。因此，《山海經》所保存的信息實際上反映的是上古時代的信仰和觀念。西王母在《山海經》中凡三見：

> 《西山經》：又西三百五十里，曰玉山，是西王母所居也。西

〔註68〕（明）胡應麟：《少室山房筆叢》卷三二《四部正訛下》，上海：上海書店出版社，2001年，第314頁。

〔註69〕李劍國：《唐前志怪小說史》，天津：天津教育出版社，2005年，第93頁。

〔註70〕魯迅：《中國小說史略》，北京：人民文學出版社，1976年，第9頁。

〔註71〕羅永麟：《中國仙話研究》，上海：上海文藝出版社，1993年，第255頁。

王母其狀如人，豹尾虎齒而善嘯，蓬髮戴勝，是司天之厲及五殘。
〔註72〕

《海內北經》：西王母梯几而戴勝杖，其南有三青鳥，爲西王母取食。在崑崙墟北。〔註73〕

《大荒西經》：西海之南，流沙之濱，赤水之後，黑水之前，有大山，名曰崑崙之丘。有神——人面，虎身，有文有尾，皆白——處之。其下有弱水之淵環之，其外有炎火之山，投物輒然。有人，戴勝，虎齒，有豹尾，穴處，名曰西王母。此山萬物盡有。〔註74〕

《山海經》對西王母的描述，主要凸顯其形象特徵和神性職司。清人郝懿行認爲：「厲及五殘，皆星名也。《月令》云：『季春之月，命國儺。』鄭注云：『此月之中，日行歷昴，昴有大陵積屍之氣，氣佚則厲鬼隨而出行。』是大陵主厲鬼，昴爲西方宿，故西王母司之也。五殘者，《史記・天官書》云：『五殘星出正東，東方之野，其星狀類辰星，去地可六七丈。』《正義》云：『五殘一名五鋒，出則見五分毀敗之徵，大臣誅亡之象。』西王母主刑殺，故又司此也。」〔註75〕據郝懿行之說，《山海經》中的西王母是主刑殺之神，其所司之「厲」及「五殘」乃主刑殺之星。漢代緯書《春秋考異郵》曰：「五殘類辰星有角，見則政在伯。」〔註76〕據此，五殘星乃是霸道政治興起的徵兆。《河圖》曰：「五殘出，則宰司馬之輩崩」，「五殘出，四蕃虐，天子有急兵。」〔註77〕《洛書兵鈐勢》云：「五殘起，野亂成。」〔註78〕五殘星又和戰爭聯繫在一起。今人信立祥則認爲「厲」字有兩種解釋，「一種解釋爲惡性傳染病，另一種解釋認爲『癘』即『櫪』，監獄的意思。五殘爲中國古代的五種殘酷肉刑。」〔註79〕無論對西王母的職司和神性作何種解釋，都可看出《山海經》中的西

〔註72〕 袁珂：《山海經校注》，成都：巴蜀書社1996年，第59頁。

〔註73〕 袁珂：《山海經校注》，成都：巴蜀書社1996年，第358頁。

〔註74〕 袁珂：《山海經校注》，成都：巴蜀書社1996年，第466頁。

〔註75〕 （清）郝懿行：《〈山海經〉箋疏》，成都：巴蜀書社，1985年，第117頁。

〔註76〕 〔日〕安居香山、中村彰八輯：《緯書集成》，石家莊：河北人出版社，1994年，第788頁。

〔註77〕 〔日〕安居香山、中村彰八輯：《緯書集成》，石家莊：河北人出版社，1994年，第1240頁。

〔註78〕 〔日〕安居香山、中村彰八輯：《緯書集成》，石家莊：河北人出版社，1994年，第1283頁。

〔註79〕 信立祥：《漢代畫像石研究》，北京：文物出版社，2000年，第144頁。

王母是可怕的刑罰之神。此外，西王母「豹尾虎齒而善嘯」、「蓬髮戴勝」的形象特徵也非常引人注目。西王母半人半獸的形象特徵或許受到中國固有的西方神蓐收形象的影響。《國語》云：

> 虢公夢在廟，有神人面白毛虎爪執鉞立於西阿，公懼而走。神曰：「無走！帝命曰：『使晉襲於爾門。』」公拜稽首，覺，召史嚚占之，對曰：「如君所言，則蓐收也，天之刑神也，天事官成。」公使囚之，且使國人賀夢。〔註80〕

洪興祖注《遠遊》「遇蓐收乎西皇」曰：

> 西方神蓐收，左耳有蛇，乘兩龍，人面白色，有毛，虎爪，執鉞，金神也。太公《金匱》曰：「西皇之神曰蓐收。」《國語》云：「虢公夢在廟，有神，人面白毛虎爪，執鉞，立於西阿。召史嚚占之，對曰：如君之言，則蓐收也。」《左傳》云：「金正爲蓐收。」〔註81〕

西王母系西方之神，「西」的方位特徵恐怕正是她與中國固有神明發生關係的連接點。中國的西方神蓐收具有「白毛虎爪」的形象特徵和「天之刑神」的神性職司。於是，同爲西方神的外來神西王母也便獲得了與蓐收相似的半人半獸的形象特徵和「主刑殺」的神性職司。對比先秦其他典籍可以發現，在《山海經》之外的文獻中，西王母的形象並非半人半獸，也並非「主刑殺」之氣的凶神。《山海經》中的西王母形象與其他文獻中的西王母形象會出現如此大的差別，也許只能用《山海經》中西王母形象融會了中國本土神明蓐收的形象特徵來解釋。

　　雖然在《山海經》記載的西王母神話中，西王母的形象頗爲不堪，其「主刑殺」的職司也易於令人產生不快之感，但《山海經》對西王母神性的強調，卻爲西王母信仰的興起埋下了種因，構成了西王母神話的宗教化發展模式。在後世的宗教傳統中，西王母信仰的發展無不以《山海經》中的西王母爲起點。自秦漢以降，隨著西王母信仰的蓬勃發展，西王母成爲跟長生不死聯繫在一起的美善之神，與《山海經》中的形象形成鮮明對比。但是，新形象的出現卻繞不開對舊形象的回溯。甚至在西王母信仰融入道教，西王母成爲道教中女仙之首的時候，道教典籍也不忘回溯《山海經》中的西王母形象，並對其進行去污名化處理。如唐末道士杜光庭在《金母元君傳》中就辯解道：「又

〔註80〕　《國語·晉語二》，上海：上海古籍出版社，1978年，第295頁。
〔註81〕　（宋）洪興祖：《楚辭補注》，北京：中華書局，2006年，第170頁。

云王母蓬髮戴勝，虎齒善嘯者，此乃王母之使，金方白虎之神，非王母之眞形也。」〔註82〕顯而易見，杜光庭把《山海經》中「蓬髮戴勝，虎齒善嘯」的異形凶神說成是「王母之使，西方白虎之神」，是毫無根據的牽強附會之辭。但是，通過這種極力爲西王母辯誣的附會之辭也可看出，即使西王母信仰已經融合於道教之後，對道教的金母元君而言，《山海經》的影響仍然不容忽視。由此可見，道教中的西王母信仰仍然在《山海經》所奠定的西王母神話的宗教化發展模式的延長線上。實際上，西王母信仰在民俗信仰世界中的傳播與擴展，也同樣遵循著《山海經》所奠定的宗教化發展模式，是這一發展模式的進一步展開。

2. 哲理化的發展模式

西王母信仰的哲理化發展模式，肇造於《莊子》一書。《莊子》係「入道見志」〔註83〕的子書。所謂「寓言十九」，藉寓言故事以闡發哲理，體道研幾，是其慣用的手法（莊子所謂「寓言」有其特殊的涵義，此處暫不深究）。依聞一多之說，《莊子》所代表的道家哲學是從一個被他稱作「古道教」的原始巫術中「分泌出的精華」，那麼，其藉以闡發哲理的「寓言」則必有其宗教信仰的根源，〔註84〕而非莊子隨意杜撰出的「喻體」。聞一多所說的「古道教」是否能夠成立姑且不論，他對《莊子》中寓言故事來源的推測則頗有見地。以西王母爲例，除了《莊子》之外，西王母還見於多部戰國古籍，說明西王母是當時廣泛流傳的神話傳說，而非莊周的杜撰。在《莊子·大宗師》中，西王母被描述爲與道合體的神聖人物。

> 夫道，有情有信，無爲無形；可傳而不可受，可得而不可見；自本自根，未有天地，自古以固存；神鬼神帝，生天生地；在太極之先而不爲高，在六極之下而不爲深，先天地生而不爲久，長於上古而不爲老。狶韋氏得之，以挈天地；伏戲氏得之，以襲氣母；維斗得之，終古不忒；日月得之，終古不息；堪壞得之，以襲崑崙；馮夷得之，以遊大川；肩吾得之，以處大山；黃帝得之，以登雲天；顓頊得之，以處玄宮；禺強得之，立乎北極；西王母得之，坐乎少

〔註82〕（唐）杜光庭：《墉城集仙錄》卷一，《道藏》第18冊，文物出版社、上海書店、天津古籍出版社，1988年，第166頁。

〔註83〕范文瀾：《文心雕龍注》，北京：人民文學出版社，1962年，第307頁。

〔註84〕聞一多：《道教的精神》，見氏著《神話與詩》，武漢：武漢大學出版社，2009年，第127頁。

廣，莫知其始，莫知其終；彭祖得之，上及有虞，下及五伯；傅說

得之，以相武丁，奄有天下，乘東維，騎箕尾，而比於列星。〔註85〕

《莊子》之說，其主旨在於闡發並渲染「神鬼神帝，生天生地」的「道」的神聖功能及其超越性本質。此處所說之「道」，有哲學本體論的涵義。西王母等得道神聖，實際上是莊子藉以明道的「寓言」，是體現或者說彰顯本體之「道」的「喻體」，她與「道」的關係，借用莊子的詞匯，類似「魚」與「筌」的關係。因此，《莊子》對西王母神話的使用其實可以說是一種哲理化的處理方式。值得注意的是，在《莊子》那裡，作爲哲學本體的「道」並非僅僅是廓然不動的純粹的客觀實體，而且還具有可以賦予萬事萬物神聖性的超越性存在的特徵。由此可見，莊子以「道」爲體的本體論哲學中含有濃厚的宗教色彩，更接近於宗教哲學。莊子哲學的這種宗教化傾向被後世的道教哲學所繼承，並在道教哲學中得到了進一步發展。

陳兵先生曾指出：「道教教義隨著歷史的發展而發展演變，但以道爲最高信仰、最高哲學範疇，則始終未變。這大概是源流各異、名號不同的諸多教派之所以被統稱爲『道教』的主要原因。」〔註86〕道教是一種「引導信徒得道永生的救濟的宗教」。〔註87〕在道教看來，肉體不朽之所以能夠成爲現實，其根源就在人類生命來源於「道」，只要能夠做到「與道合體」、「身不離道」，便可實現長生不死。《太平經》認爲：「道」是「萬物之元首，不可得而名者。六極之中，無道不能變化。元氣行道，以生萬物。天地大小，無不由道而生者也。」〔註88〕《常清靜經》認爲：「大道無形，生育天地；大道無情，運行日月；大道無名，長養萬物。」〔註89〕《老子想爾注》則聲稱：「生，道之別體也。」〔註90〕《太上老君內觀經》進一步指出：「道不可見，因生而明之；生不可常，用道以守之。若生亡，則道廢；道廢，則生亡。生道合一，則長生不死。……道無生死，而形有生死。所以言生死者，屬形不屬道也。形所以生者，由得其道也；形所以死者，由失其道也，人能存生守道，則長生不

〔註85〕 （清）郭慶藩《莊子集釋》，北京：中華書局，2007年第247頁。

〔註86〕 陳兵：《道教之道》，《哲學研究》1988年第1期。

〔註87〕 〔法〕馬伯樂：《道教》，轉引自孫昌武《道教與唐代文學》，北京：人民文學出版社，2001年，第132頁。

〔註88〕 王明：《太平經合校》，北京：中華書局，1960年，第16頁。

〔註89〕 《太上老君說常清淨妙經》，《道藏》第11冊，第344頁。

〔註90〕 饒宗頤：《老子想爾校證》，上海：上海古籍出版社，1991年，第31頁。

亡也。」〔註91〕既然萬物皆爲「大道之子」，那麼，只要能通過修煉達到「與道合體」、「守道不離」的境界，肉體生命自然就可以無限延長，成爲長生不死的得道仙眞。

　　按照唐代道士成玄英的解釋，《莊子》中的西王母因爲「得道」，才能夠做到「不復死生，莫知終始」。〔註92〕可見，在莊子的觀念中，已經出現了後世道教哲學的萌芽。西王母信仰融入道教之後，西王母與作爲道教「最高哲學範疇」的「道」發生了更加密切的聯繫，她已由《莊子》中的「得道」神聖變成了「道」的化身。依據《元始上眞眾仙記》之說，西王母是「大道」之化身元始天王施氣於太元聖母所生，實則爲「始陰之氣」。〔註93〕《老子中經》則認爲：「西王母者，太陰之元氣。」〔註94〕《金母元君傳》曰：「西華至妙之氣化而生金母……生而飛翔，以主陰靈之氣，理於西方，亦號王母……分大道醇精之氣，結氣成形，與東王公共理二氣而養育天地，陶鈞萬物。」〔註95〕由此可見，西王母已然成爲道教最高哲學範疇「道」的化身。按照道教哲學的觀念，西王母既然是道氣所化，她自然具有在宇宙之中「理氣」的偉大能力。後世道經中的西王母「理氣」說，可以說就是哲理化的西王母在道教神學發展中的進一步延伸，因而有學者提出，《莊子》中「莫知其始，莫知其終」的西王母，就是上清派奉西王母爲最高神祇之一的發端。〔註96〕

　　《莊子》中出現的西王母信仰的哲理化發展趨勢，主要在道教哲學中得到了進一步延續。西王母信仰融入道教後，西王母雖然成爲道教崇奉的重要仙眞，但是她僅僅位列女性仙班之首，未能成爲道教的主神。因此，她作爲「大道」化身的地位並不牢靠。這一神位不得不讓位於以元始天尊等三清神爲代表的道教主神。如《洞淵集》就明確指出：「元始天尊者，即天地之精，極道之祖炁也。」〔註97〕與作爲「極道之祖炁」的道教主神元始天尊相比，

〔註91〕《太上老君內觀經》，《道藏》第 11 冊，第 397 頁。
〔註92〕（清）郭慶藩《莊子集釋》，北京：中華書局 2007 年，247 頁。
〔註93〕《元始上眞眾仙記》，《道藏》第 3 冊，第 269～270 頁。
〔註94〕《老子中經》，《雲笈七籤》卷十八《三洞經教部》，北京：中華書局，2010 年，第 420 頁。
〔註95〕《墉城集仙錄》卷一，《道藏》第 18 冊，第 166 頁。
〔註96〕施芳雅：《西王母故事的衍變》，見《西王母文化研究集成論文卷》中卷，桂林：廣西師範大學出版社，2008 年，第 916 頁。原載鄭志明主編：《西王母信仰》，臺北：南華管理學院，1997 年。
〔註97〕《洞淵集》卷一，《道藏》23 冊，第 835 頁。

她也只不過是「主理西方陰靈之氣」的次級仙真。由於西王母並非道教神學體系中最核心的神明，她的影響力主要發生在普通民眾之中。儘管在民間信仰中，西王母的影響可能遠超正統的道教主神，但是民間信仰並不重視對所崇奉的神明進行哲理化演繹，因此，西王母信仰的哲理化發展並不充分。總體來看，西王母信仰的哲理化發展模式主要是以一種宗教哲學的形式展開的。西王母信仰的哲理化發展模式的取向，從根本上來講仍然是一種宗教化發展的方向，或者說是西王母信仰的宗教化發展模式中的一種特殊形態，而這種發展主要在道教哲學中得以實現。

3. 歷史地理化的發展模式

與《山海經》及《莊子》中帶有濃厚的神性色彩的西王母不同，三晉系統的先秦典籍中的西王母形象則表現出更多的人性特徵。在相關典籍中，西王母是以西域方國女王的身份登場，同時，西王母還是西域方國的名稱。其中，《穆天子傳》關於周穆王會見西王母的傳說對西王母的描述最為形象生動：

> 吉日甲子，天子賓於西王母。乃執白圭玄璧以見西王母，好獻錦組百純，□組三百純。西王母再拜受之。□乙丑，天子觴西王母於瑤池之上。西王母為天子謠曰：「白玉在天，山陵自出，道理悠遠，山川間之。將子無死，尚能復來。」天子答之曰：「予歸東土，和治諸夏。萬民平均，吾顧見汝。比及三年，將復而野。」天子遂驅陞於弇山，乃紀其跡於弇山之石，而樹之槐，眉曰：「西王母之山」。西王母還歸其□，世民作憂以吟曰：「比徂西土，爰居其野。虎豹為群，於鵲與處。嘉命不遷，我惟帝女。天子大命，而不可稱。顧世民之恩，流涕卉隕。吹笙鼓簧，中心翱翔。世民之子，唯天之望。」
>
> 〔註98〕

此外，今本及古本《竹書紀年》也有對此事的記載。《竹書紀年》不僅記載了周穆王西征會見西王母，還記載了西王母來朝於周穆王的事蹟。

> 十七年西征崑崙丘，見西王母。其年西王母來朝，賓於昭宮。
>
> 〔註99〕

〔註98〕《穆天子傳》卷三，《漢魏六朝筆記小說大觀》，上海：上海古籍出版社，1999年，第 14 頁。

〔註99〕《竹書紀年》卷八，上海古籍出版社影印《二十二子》本，1986 年，第 1079 頁。

> 周穆王十七年，西征，至崑崙丘，見西王母，王母止之。〔註100〕

> 穆王十七年，西征崑崙丘，見西王母。其年來見，賓於昭宮。
>
> 〔註101〕

> 穆王見西王母，西王母止之曰：「有鳥鷲人。」〔註102〕

根據以上記載，西王母應該是西域方國的女王。另外，《荀子》中所記「西王國」，亦應爲西部方國之女王，乃西王母之異名。《荀子·大略篇》云：

> 舜曰：「維予從欲而治。」故禮之生，爲仙人以下至庶民也，
> 非爲成聖也，然而亦所以成聖也。不學不成：堯學於君疇，舜學於
> 務成昭，禹學於西王國。

清人王先謙注曰：「西王國，未詳所說。或曰：大禹生於西羌，西王國，西羌之賢人也。」〔註103〕王先謙之說或有附會之嫌，但是依《荀子》原文，堯、舜所學之對象君疇、成昭俱爲聖賢人物，那麼西王國無疑也是傳說中的聖賢人物，應該就是三晉地區傳說中的西部方國女王西王母。

根據《穆天子傳》的記載，西王母似乎還是西王母所治之國的名稱。

> 遂西征，癸亥，至於西王母之邦。〔註104〕

> 自群玉之山以西，至於西王母之邦，三千里。□自西王母之邦，
> 北至於曠原之野，飛鳥解其羽，千有九百里。〔註105〕

《竹書紀年》所謂「西王母來朝，賓於昭宮」，也可理解爲西王母之國的使者「來朝」，而不一定是該國國王親自「來朝」。據此，西王母還有國名的涵義。《爾雅·釋地》所謂「觚竹、北戶、西王母、日下，謂之四荒」〔註106〕，把西王母解釋爲地名，恐怕正是由此引出的新說。

〔註100〕方詩銘、王修齡：《古本竹書紀年輯證》，上海：上海古籍出版社，1981年，第48頁。

〔註101〕方詩銘、王修齡：《古本竹書紀年輯證》，上海：上海古籍出版社，1981年，第47頁。

〔註102〕方詩銘、王修齡：《古本竹書紀年輯證》，上海：上海古籍出版社，1981年，第47頁。

〔註103〕（清）王先謙：《荀子集解》，北京：中華書局，1988年，第489頁。

〔註104〕《穆天子傳》卷二，《漢魏六朝筆記小說大觀》，上海：上海古籍出版社，1999年，第13頁。

〔註105〕《穆天子傳》卷四，《漢魏六朝筆記小說大觀》，上海：上海古籍出版社，1999年，第18頁。

〔註106〕《爾雅注疏》，阮元校刻《十三經注疏》本，北京：中華書局，1980年，第2616頁。

　　三晉文獻把來自域外神話傳說中的西王母說成是西方女王或西部方國,反映了理性主義發達的中原文化對神話進行歷史化改造的傳統。按照亞斯貝斯的軸心文明理論,公元前八百至二百年之間,人類歷史進入了「軸心時代」。〔註107〕幾大文明中心先後實現了對前此時代文化的「突破」,經過這場「文明突破」的洗禮,人類對宇宙的本質產生了一種全新的理性認識,與這種認識隨之而來的是對人類處境本身及其意義的理性解釋。〔註 108〕伴隨著理性主義精神的覺醒,人類「得到了理性而失去了幻想」。〔註109〕中國歷史在進入「軸心時代」的時期,「文明突破」主要發生在中原地區,崇人文,重理性成爲中原文化的主流思潮。於是,在中原文化區,幻想逐漸被理性所取代,前軸心時代的神話逐漸被坐實於歷史時空之中,得到了歷史化的重新解釋,即神話的歷史化。在非理性主義文化發達的南方地區,西王母神話仍然保持著神性特徵;而在地處中原的三晉地區,西王母神話的神異色彩卻逐漸被剝除,表現出平實的人性特徵。個中緣由,恐怕正在於幻想世界中的神話受到理性思想的影響,被納入理性主義的歷史話語系統之中,得到歷史化的重新解釋,也即神話的歷史化處理。於是,神話世界中的神明變成了現實世界中的女王,幻想中的西王母的世界也變成了「現實」中的「西王母之邦」。從而,在北方文化系統中,出現了西王母神話向歷史地理化演變的發展模式。雖然有眾多學者以《穆天子傳》等三晉文獻爲研究上古時代中西交通的史料,並取得了一些具有一定說服力的研究成果,此類文獻中儘管也含有一些可以作爲研究資料的歷史影跡,但終究不是可以毫無保留即可憑信的信史資料。三晉文獻中的西王母及西王母之國,從本質上來看,不過是戰國時代中國人對遙遠的西方世界的想像。進入漢代以後,隨著漢帝國大規模向西開拓疆域,這種想像不斷被「兌現」爲「現實」,西王母神話的歷史地理化發展模式得到了進一步拓展。漢魏以後,隨著國勢的衰落,西王母神話的歷史地理化發展也逐漸衰微。雖然後世文獻中也仍然不乏相關記載,但基本上都是在沿襲前人舊說,沒有新的拓進。再者,由於秦漢以後,宗教化發展模式成爲西王母神話演化的主導模式,歷史地理化的發展模式偏離了西王母神話向宗教信仰發展的主流方向,西王母神話的歷史地理化發展模式也便逐漸式微,湮滅於宗教化發展的潮流之中。

<hr>

〔註107〕〔德〕卡爾・亞斯貝斯:《歷史的起源與目標》,魏楚雄、俞新天譯,北京:
　　　　　華夏出版社,1989 年,第 7 頁。
〔註108〕余英時:《士與中國文化》,上海:上海人民出版社,1987 年,第 28 頁。
〔註109〕葛兆光:《中國宗教文學論集》,北京:清華大學出版社,1998 年,第 140 頁。

4. 祥瑞化的發展的模式

在軸心時代，中國文化雖然實現了「文明突破」，開啓了人文主義和理性精神，但這並不意味著「非理性的文化經過軸心文化的滌蕩，自此便蕩然無存，或者沉入到文化的底層、邊緣或角落，對此後的中國文化的發展不會產生重要的影響」。〔註110〕即使經過軸心時代的「文明突破」，古代文化中的一些非理性的文化因子也仍然堅韌地裹挾在中國文化的洪流之中，對後世文化的發展發揮著深遠的影響。誠如李零先生所說，即使在最菁英的諸子思想之中，也仍然有「作爲基礎和背景的東西」。〔註111〕在經過理性化改造的三晉地區的西王母神話中，也同樣夾雜著這種文化因子，具體表現爲祥瑞思想。

祥瑞又稱符瑞，是指吉祥符瑞，或者說是吉祥的徵兆。祥瑞的出現，預示著統治者上膺天命，下順民心。這種信仰在先秦時代就已出現。《周易・繫辭上》「河出圖，洛出書，聖人則之」〔註112〕中的河圖、洛書，就是先秦時代的祥瑞。三晉典籍中的西王母也帶有祥瑞的特徵。

> 《竹書紀年》：舜九年，西王母來朝。西王母之來朝，獻白環玉玦。〔註113〕

> 《世本》：舜時西王母獻白環及珮。〔註114〕

《竹書紀年》和《世本》雖然沒有明言西王母所獻玉環、玉玦或玉珮爲祥瑞之物，但是舜爲得天命之聖王，玉是具有使「神人以和」的神秘功能的吉祥之物，因此，西王母所獻之白玉環、珮等物自然是祥瑞無疑，可見先秦時代的西王母信仰已出現祥瑞化發展模式之端倪。進入漢代以後，隨著天人感應思想的流行，讖緯之說興盛一時，西王母信仰的祥瑞化發展趨向益發明顯。與之相應，在漢代緯書中，出現了大量西王母進獻祥瑞的記載，西王母信仰的祥瑞化發展模式從而達到極盛狀態。然而，宗教化的發展模式在後世一直是西王母信仰發展的主導模式。在宗教化發展模式之中，西王母作爲偉大的神明受人膜拜。塑造西王母的神性特徵，抬高西王母的神格地位，是西王母

〔註110〕 李晟：《仙境信仰研究》，成都：巴蜀書社，2012年，第3頁。

〔註111〕 李零：《中國方術正考》，北京：中華書局，2006年，第2頁。

〔註112〕 《周易正義》，阮元校刻《十三經注疏》本，北京：中華書局，1982年，第82頁。

〔註113〕 王國維：《今本竹書紀年疏證》，見方詩銘《古本竹書紀年輯證》附錄，上海：上海古籍出版社，1981年，第198頁。

〔註114〕 《世本八種・茆泮林輯本》，北京：中華書局，2010年，第12頁。

信仰宗教化發展的基本趨向，而與祥瑞聯繫在一起的西王母的神格特徵並不明顯，偏離了西王母信仰的宗教化發展方向。因而，隨著西王母信仰朝宗教化發展方向愈演愈烈，西王母信仰的祥瑞化發展逐漸式微，乃至湮沒無聞。唐宋以降，在民間信仰中西王母逐漸和「慶壽」聯繫在一起，從某種程度上講，可以說是西王母信仰的祥瑞發展模式的變形。

　　總體來看，西王母在戰國時代還僅僅是一種帶有一定信仰因素的神話傳說，尚未發展到宗教信仰的高度。這一有可能是來自域外的神話傳說經過不同的解讀，基本上形成了四種較為穩定的信仰模式的雛形。進入秦漢以後，西王母神話中信仰因素的成分逐漸增加，開始向宗教信仰的方向發現迅速發展。在這個時期，以先秦時期形成的四個發展模式為起點，西王母信仰呈現出一種複線並進的發展態勢。不過，不同的模式之間並非平行發展，而是交錯糾纏，相互滲透。其中，宗教化的發展模式成為主導性的發展模式。西王母信仰在後世的發展歷程中，有些發展模式逐漸被宗教化的發展模式所吸收，匯入西王母信仰向宗教化方向發展的歷史洪流之中，有些發展模式則因為不適應宗教化的發展潮流，逐漸湮沒無聞。

第三章　西王母神話的轉型與西王母信仰的興起

　　西王母神話雖然在戰國時代已廣爲流傳，但是考諸載籍，當時並無奉祀西王母的宗教場所，也未出現過以西王母爲崇拜對象的宗教實踐活動。以此揆之，在先秦時期，西王母應該僅僅是以一種夾雜著一定信仰成分的神話傳說的形式流傳於社會各階層，尚未發展成爲以西王母這一神靈爲崇拜對象的宗教信仰。秦漢以降，西王母神話的內容（尤其是其中所蘊含的宗教信仰的因素）急遽膨脹，先秦時期既已形成的西王母神話的幾種模式均得到充分發展，其中宗教化的發展模式日益在西王母神話向西王母信仰演化的過程中佔據了的主導地位。在全社會彌漫著追求長生不死思潮的時代背景之下，西王母信仰逐漸與以追求長生不死爲終極目標的神仙思想緊密結合在一起，西王母神話實現了神仙化的轉型，宗教信仰的成分迅速擴大。在漢哀帝時期，終於醞釀出了一場聲勢浩大的西王母信仰運動。在後世出土的大量銅鏡及墓葬圖像中，西王母已儼然成爲神仙世界的主宰。此類以西王母爲崇拜對象的文物絕大多數出現於西漢哀、平二帝之後。由此可見，西漢末年是西王母信仰發展歷程中最重要的轉折期，至此，出現於先秦時期的西王母神話已正式衍變爲以西王母爲核心崇拜對象的宗教信仰。

第一節　西王母神話內容的擴充

　　早在戰國時期，三晉系典籍既已對神秘的西王母神話做出了合乎理性的歷史地理化解釋。在這種解釋體系中，西王母或爲人王，或爲遙遠的西部方國。降及秦漢，這種認識西王母的思路得到進一步延伸。《爾雅·釋地篇》云：

「觚竹、北戶、西王母、日下，謂之四荒。」〔註1〕在《爾雅》的作者看來，西王母乃是「四荒」中的「西荒」之地。「四荒」僅僅是一種空泛的地理概念，並非具體的地理空間。《淮南子‧墜形訓》亦云：「西王母在流沙之瀕。」〔註2〕「流沙之瀕」與「四荒」相似，也只是個沒有具體所指的空泛的地理概念。然而，隨著漢武帝向西開拓邊疆，西王母之國的地理位置逐漸開始被坐實。《史記‧趙世家》云：

> 造父幸於周繆王。造父取驥之乘匹，與桃林盜驪、驊騮、綠耳，獻之繆王。繆王使造父御，西巡守，見西王母，樂而忘歸。而徐偃王反，繆王日馳千里馬，攻徐偃王，大破之。乃賜造父以趙城，由此爲趙氏。〔註3〕

漢人應劭的《風俗通義》承襲《趙世家》之說，曰：

> 趙之先，與秦同祖。其裔孫曰造父，幸於周穆王，爲御驊騮、騄耳之乘，西謁西王母，東滅徐偃王，日馳千里；帝念起功，賜以趙城，因以爲姓。〔註4〕

司馬遷和應劭之說顯然受到三晉地區關於周穆王西征見西王母的傳說之影響。雖然《竹書紀年》、《穆天子傳》爲西晉才出土的三晉古籍，司馬遷、應劭不一定見過這些典籍，但是《趙世家》和《風俗通義》所舉盜驪、驊騮、綠耳等良馬之名，與《穆天子傳》所記良馬之名幾乎完全相同，說明三晉之說影響甚爲深遠。《史記‧周本紀》不載造父爲周穆王御八駿，西征見西王母之事，說明周人可能沒有關於周穆王見西王母的傳說，這也從一個側面說明司馬遷的記載應該是採自三晉舊說。不過，《趙世家》和《風俗通義》中也沒有給出西王母之國的具體地理位置。在《大宛列傳》中，西王母之國的地理位置最終被坐實爲條枝：

> 條枝在安息西數千里，臨西海。暑濕。耕田，田稻。有大鳥，卵如甕。人眾甚多，往往有小君長，而安息役屬之，以爲外國。國善眩。安息長老傳聞條枝有弱水、西王母，而未嘗見。〔註5〕

〔註1〕《爾雅注疏》，阮元校刻《十三經注疏》本，北京：中華書局，1980 年，第2616 頁。

〔註2〕何寧：《淮南子集釋》，北京：中華書局，1998 年，第 361 頁。

〔註3〕《史記》卷四十三《趙世家》，北京：中華書局，1959 年，第 1779 頁。

〔註4〕王利器：《風俗通義校注》，北京：中華書局，2010 年，第 34 頁。

〔註5〕《史記》卷一百二十三《大宛列傳》，北京：中華書局，1959 年，第 3164 頁。

此說後來又被班固沿襲，《漢書・西域傳》曰：「安息長老傳聞條支有弱水，西王母，亦未嘗見也。」〔註6〕自此，西王母之國被坐實到了具體的地理空間。後世推衍此說，西王母的地理位置遂愈推愈西，《後漢書・西域傳》曰：

> （大秦）或云其國西有弱水、流沙，近西王母所居處，幾於日所入也。〔註7〕

《三國志》注引《魏略・西戎傳》云：

> 前世謬以爲條枝在大秦西，今其實在東。……前世又謬以爲弱水在條枝西，今弱水在大秦西。前世又謬以爲從條枝西行二百餘日，近日所入，今從大秦西近日所入。〔註8〕

《魏書・西域傳》曰：

> 大秦西海水之西有河，河西南流。河西有南、北山，山西有赤水，西有白玉山。玉山西有西王母山，玉爲堂云。從安息西界循海曲，亦至大秦，四萬餘里。於彼國觀日月星辰，無異中國，而前世云條枝西行百里入日處，失之遠矣。〔註9〕

《史記正義》引《後漢書》云：

> 桓帝時大秦國王安敦遣使自日南徼外來獻，或云其國西有弱水、流沙，近西王母處，幾於日所入也。〔註10〕

據上引文獻可知，西王母所居之地在後世又被推至遠比條枝更靠西的「近日所入」之處。誠如呂思勉先生所云：「古人於舊說所以極西之地者，悉推而致之身所以爲極西之地之表之證；日月星辰，天象可徵，故日入處之說易破，弱水西王母等，則身苟所未至，即無從遽斷爲子虛，而其地遂若長存於西極之表矣，循此以往，所謂西王母者，將愈推而愈西，而因有王莽之矯誣，乃又曳而之東，而至諸今青海之境。」〔註11〕在王莽得諸羌之地設西海郡以後，西王母所居之地又逐漸東移。《論衡・恢國篇》云：「孝平元始元年，越常重譯，獻白雉一，黑雉二。夫以成王之賢，輔以周公，越常獻一，平帝得三。

〔註6〕　《漢書》卷九十六《西域傳》，北京：中華書局，1962年，第3888頁。
〔註7〕　《後漢書》卷八十八《西域傳》，北京：中華書局，1965年，第2920頁。
〔註8〕　《三國志》卷三十《烏丸鮮卑東夷傳》，北京：中華書局，1982年，第860頁。
〔註9〕　《魏書》卷一百二《西域傳》，北京：中華書局，1974年，第2276頁。
〔註10〕　《史記》卷一百二十三《大宛列傳》，北京：中華書局，1959年，第3164頁。
〔註11〕　呂思勉：《西王母考》，載《西王母文化研究集成論文卷》上卷，桂林：廣西師範大學出版社，2008年，第12頁。原載《小說月刊》1939年第一卷第9期。

後至四年，金城塞外，羌良橋橋種良願等，獻其魚鹽之地，願內屬漢，遂得西王母石室，因爲西海郡。」〔註12〕於是，西王母所居之處又被指認到青海、甘肅、河南等地：

> （金城郡臨羌縣）西北至塞外，有西王母石室，仙海鹽池，北則湟水所出，東至允吾入河。西有須抵池，有弱水、崑崙山祠。〔註13〕

> 涼州刺史酒泉太守馬岌上言：「酒泉南山，即崑崙之體也。周穆王見西王母，樂而忘歸，即謂此山。此山有石室玉堂，珠璣鏤飾，煥若神宮，宜立西王母祠，以禪朝廷無疆之福。」駿從之。〔註14〕

> 蒙遜西至苕藋，遣前將軍沮渠成都將騎五千襲卑禾虜，蒙遜率中軍三萬繼之，卑禾虜率眾迎降。遂循海而西，至鹽池，祀西王母寺。寺中有《玄石神圖》，命其中書侍郎張穆賦焉，銘之於寺前。〔註15〕

> 有七谷水注之，水西出女几山之南七溪山，上有西王母祠，東南流，注于伊水。……伊水又東北逕伏流嶺東，嶺上有崑崙祠，民猶祈焉。〔註16〕

後世對西王母所居之處的種種異說，可以說是對先秦時期既已形成的西王母神話歷史地理化發展模式的進一步展開，不同的記載其實反映了在不同的歷史心性指導下形成的不同歷史記憶。所謂「歷史」，實際上是由歷史記憶塑造出的產物。在塑造「歷史」的過程中，歷史記憶本質上是一種選擇性記憶，而選擇的依據就是歷史心性。歷史心性是人們由社會中得到的有關歷史的文化概念，這一文化概念左右著人們對歷史記憶的選擇。〔註17〕隨著時代的變遷，歷史心性也會發生轉變，從而造成對歷史的重塑。對西王母所居之處的探尋，其實反映著華夏民族對未知的西方世界的想像。把西王母所居之地愈推愈西，從某程度上來講，表現了華夏民族向西拓進的進取心；西王母居處

〔註12〕 黃暉：《論衡校釋》，北京：中華書局，1990 年，第 832 頁。

〔註13〕 《漢書》卷二十八《地理志》，北京：中華書局，1962 年，第 1611 頁。

〔註14〕 《晉書》卷八十六《張軌傳附張駿》，北京：中華書局，1974 年，第 2240 頁。

〔註15〕 《晉書》卷一百二十九《沮渠蒙遜載記》，北京：中華書局，1974 年，第 3197 頁。

〔註16〕 陳橋驛：《水經注校證》，北京：中華書局，2007 年，第 374 頁。

〔註17〕 王明珂：《歷史事實、歷史記憶與歷史心性》，載《歷史研究》2001 年 5 期，第 143 頁。

的東移，則反映了華夏勢力自西向東退縮時的一種歷史心性。前者重視推衍西王母的地理處所，後者則側重於對西王母進行宗教化「重塑」。「西進的西王母」無一例外強調的是西王母的空間處所，「東移的西王母」強調的則是「西王母石室」、「西王母祠」等宗教性特徵。也就是說，「曳而之東」的西王母諸說已經逐漸失去了對西方世界進行地理探尋的興趣，轉而把傳說中的西王母重塑爲神明，轉向了宗教化的發展模式。

根據王明珂的研究，當華夏邊緣不斷擴大之時，邊緣地帶的民族爲融入華夏，往往會爲本民族尋找一個可以攀附到華夏文化體系的英雄祖先，如春秋時期的吳國爲成爲華夏正統，便與太伯攀上了關係；漢武帝統治時期，漢帝國的版圖擴張至朝鮮半島，於是箕子受封於朝鮮的傳說也便應運而生。〔註18〕然而，在華夏的西部邊緣，並未出現以西王母爲英雄祖先來攀附華夏聖賢的情況。其中之原因，一則在於西王母只是神話傳說中的遠方神明或者遠離華夏本土的西部王國，而不是華夏西部邊緣地帶眞實存在的國家或者民族，因而不具備攀附華夏的可能性；二則在於漢帝國向西拓展疆域，既是一種政治行爲，亦帶有一種特定的宗教訴求。對此，余英時先生早已做出過精彩的研究，他說：「神仙居住在兩個神秘之處：一個在海之東極；另一個在極西的崑崙山巔，那裡是傳說中的西王母的住所。……漢武帝早年求仙也只主要集中在海上。但是，公元前 2 世紀下半葉，隨著張騫通西域，西方開始日益受到皇帝和神仙道士的重視。海上找不到不死藥點燃了皇帝對別處的想像，並強化了他從西王母處獲得藥的期望。」〔註19〕方詩銘先生甚至推測，《大宛列傳》中所載關於西王母的傳聞，很可能是張騫爲迎合漢武帝企慕西王母的心態而捏造出來的報告。〔註20〕由此可見，漢帝國在向西拓展疆域時對西王母的探尋，本來就帶有宗教意圖。當西王母所居之處逐漸東移之後，對西王母的地理化解釋讓位於宗教化解釋，實質上仍然是對這一宗教訴求的延續。

在先秦時代，三晉文化區把神話傳說中的西王母解釋爲西方女王，於是便出現了中國聖王拜訪西王母的相關傳說，最早的記載見於《荀子》。《荀子·大略篇》曰：「不學不成：堯學於君疇，舜學於務成昭，禹學於西王國。」〔註21〕

〔註18〕　王明珂：《英雄祖先與弟兄民族》，北京：中華書局，2009 年，第 98、110 頁。
〔註19〕　余英時：《東漢生死觀》，侯旭東等譯，上海：上海古籍出版社，2005 年，第 30 頁。
〔註20〕　方詩銘：《西王母傳說考》，《東方雜誌》1946 年第 42 卷第 14 期。
〔註21〕　（清）王先謙：《荀子集解》，北京：中華書局，1988 年，第 489 頁。

此後，《穆天子傳》和《竹書紀年》又敷衍出周穆王見西王母的逸聞。與具有較濃厚的小說特徵的《穆天子傳》不同，《荀子》並不渲染中國聖王拜訪西王母的故事的傳奇色彩，而是強調「學」。「學於西王母」的目的，是爲了能夠「從欲而治」。西王母既然可以傳授給中國君王「從欲而治」之道，說明她掌握著治國之道的眞理，西王母的這一特徵似乎和《莊子》中的得道神聖西王母有著某種聯繫。以《穆天子傳》和《荀子》爲起點，形成了中國聖王會見西王母的兩種情結模式。前者側重於演繹中國聖王交接西王母的傳奇故事，在漢魏以降以漢武帝爲主題的小說中得到了繼承和發展；〔註 22〕後者則無意於渲染中國聖王與西王母之間的逸聞趣事，僅僅以簡略的筆調記錄二者相見之事，主要見載於漢代子書之中。

> 《論衡·無形篇》：圖仙人之形，體生毛羽，臂變爲翼，行於雲，則年增矣，千歲不死。此虛圖也。……禹、益見西王母，不言有毛羽。……毛羽未可以傚不死，仙人之有翼，安足以驗長壽乎？
>
> 〔註23〕

> 《新書·修政語》：堯教化及雕題、蜀、越，撫交趾，身涉流沙，地封獨山，見西王母，訓及大夏、渠搜，北中幽都及狗國。〔註24〕

《論衡》中見西王母的聖賢又增加了大禹的得力助手伯益，《新語》中與西王母相見的主角變成了堯。與《荀子》所謂中國聖王見西王母的目的是爲了就學於西王母以求治國之道的說法不同，王充舉「禹、益見西王母」的古老傳說爲例，其目的無非是爲了反駁當時流行的仙人體生毛羽的世俗信仰；在賈誼的記載中，西王母的地位或許與雕題、蜀、越、交趾、大夏、渠搜、幽都、狗國等需要接受教化的邊荒之地略有不同，但她已絕非中國聖王學習的對象。由此可見，在漢人的觀念中，西王母已不再像《荀子》、《莊子》等先秦子書中所說那樣，是得道神聖，或者是治道之源，西王母作爲神聖人王的崇高地位的已驟然下降。這一轉變其實是漢帝國國力上升的時代背景之下，漢民族文化自信心的一種表現。治道之源由遙遠的西王母轉入到中華世界，推行完美的政治教化成爲中國聖王的神聖使命。從而，在西王母和中國聖王的

〔註22〕 參閱拙文《方士小說向道士小說的嬗變——以古小說中漢武帝形象的演變爲例》，《新疆大學學報》（社會科學版）2004 年第 1 期。
〔註23〕 黃暉：《論衡校釋》，北京：中華書局，1990 年，第 67 頁。
〔註24〕 閻振益、鍾夏：《新書校注》，北京：中華書局，2000 年，第 360 頁。

關係中，西王母逐漸退居為次要的陪襯角色。於是，西王母向中國聖王進獻祥瑞之物的故事開始大為流行，先秦時期形成的西王母神話的祥瑞化發展模式在漢代得到了充分發展。

西王母與中國聖王的互訪關係可以分為中國聖王主動訪問西王母和西王母主動訪問中國聖王兩種形式。中國聖王訪問西王母的情節顯然更為古老，但是漢代以後，西王母訪問中國聖王的情節開始佔優勢。日本學者小南一郎認為，前一種形式的背後「必定存在著西王母具有帶來政治上的安定力量的觀念」，後一種形式之所以在漢代開始佔優勢，是因為現實社會中王權得到強化，「認為通過西王母帶來天下太平的觀念也逆轉了，取代以中國一經安定、西王母就來中國王者處訪問祝壽的因果關係。」〔註25〕實際上，西王母祝壽是較晚才出現的觀念，在漢代的傳說中，西王母來訪最重要的內容是向中國進獻各種寶物，這些寶物均是祥瑞之物，而祥瑞恰恰是預示著中國進入太平盛世的吉祥徵兆。西王母和祥瑞發生聯繫，其根源恐怕正在於在早期的觀念中，西王母具有帶來政治安定的神秘力量。

最早記載西王母訪問中國的典籍是《竹書紀年》和《世本》。二書所記應該是同一傳說。《竹書紀年》曰：「舜九年，西王母來朝。西王母之來朝，獻白環玉玦。」〔註26〕《世本》則記作：「舜時西王母獻白環及珮。」〔註27〕進入漢代以後，這個傳說一再被提及，並增添了新的內容。

《尚書大傳》：舜之時，西王母獻其白玉管。〔註28〕

《大戴禮記·少間》：昔虞舜以天德嗣堯，布功散德制禮，朔方幽都來服，南撫交趾，出入日月，莫不率俾，西王母來獻其白琯，粒食之民，昭然明視，民明教，通於四海，海外肅慎。北發、渠搜、氐、羌來服。〔註29〕

《尚書帝驗期》：舜在位時，西王母又嘗獻白玉管。〔註30〕

〔註25〕〔日〕小南一郎：《中國的神話傳說與古小說》，孫昌武譯，北京：中華書局，2006年，第33頁。

〔註26〕王國維：《今本竹書紀年疏證》，見方詩銘《古本竹書紀年輯證》附錄，上海：上海古籍出版社，1981年，第198頁。

〔註27〕《世本八種·茆泮林輯本》，北京：中華書局，2010年，第12頁。

〔註28〕（清）皮錫瑞：《尚書大傳疏證》卷三，光緒二十二年師伏堂刊本。

〔註29〕（清）王聘珍：《大戴禮記解詁》，北京：中華書局1983年，第216頁。

〔註30〕〔日〕安居香山、中村彰八輯：《緯書集成》，石家莊：河北人出版社，1994年，第387頁。

漢人應劭甚至還給出了西王母向舜進獻白玉管的考古實證。《風俗通義‧聲音‧管》曰:「昔章帝時,零陵文學奚景,於冷道舜祠下得生白玉管,知古以玉為管,後乃易之以竹耳。夫以玉作音,故神人和,鳳皇儀也。」〔註31〕許慎在《說文解字》中亦有類似記載:「古者玉琯以玉。舜之時,西王母來獻其白琯。前零陵文學姓奚,于伶道舜祠下得笙玉琯。夫以玉作音,故神人以和,鳳凰來儀也。」〔註32〕

依漢人之說,西王母所獻白玉琯乃是玉製管樂。《周禮‧春官‧大宗伯》記載:「以玉作六器,以禮天地四方,以蒼璧禮天,以黃琮禮地,以青圭禮東方,以赤璋禮南方,以白琥禮西方,以玄璜禮北方,皆有牲幣,各放其器之色。」〔註33〕可見玉是用於製作祭祀所用禮器的重要原料,玉器具有溝通人神的神秘功能。在中國上古時代的觀念中,玉是一種具有象徵意義的質料,使用玉這種具有象徵意義的質料製作禮器,遠在周代之前就已存在。〔註34〕據《尚書‧堯典》,樂也同樣具有使「八音克諧,無相奪倫,神人以和」〔註35〕的神奇效力。管之為樂,「六孔,十二月之音,物開地牙,故謂之管」,〔註36〕其制作原理即效法天地,因而,西王母所獻白玉管自然應該是祥瑞之物。其實,《大戴禮記‧少間篇》所謂「虞舜以天德嗣堯,布功散德制禮,朔方幽都來服,南撫交趾,出入日月,莫不率俾,西王母來獻其白管」,已經暗示了白玉管是「非力之所能致而自至」〔註37〕的祥瑞。漢代緯書《禮斗威儀》曰:「君乘土而王,其政太平,遠方神獻其珠英。有神聖,故以其域所生來獻。舜之時,西王母獻益地圖、玉管者是也。」〔註38〕此說更加明確地表明,西王母所獻白玉管是預示王者「其政太平」的祥瑞。

漢人傳說中西王母所獻寶物除白玉管外還有益地圖。

> 《尚書帝驗期》:西王母於大荒之國,得益地圖,慕舜德,遠

〔註31〕王利器:《風俗通義校注》,北京:中華書局,2010年,第284頁。

〔註32〕(漢)許慎:《說文解字》,北京:中華書局,1985年,第145～146頁。

〔註33〕(清)孫詒讓:《周禮正義》,北京:中華書局,1987年,第1389～1398頁。

〔註34〕巫鴻:《東夷藝術中的鳥圖像》,《禮儀中的美術——巫鴻中國古代美術史文編》,鄭岩等譯,北京:三聯書店,2005年,第14頁。

〔註35〕(清)孫星衍:《尚書今古文注疏》,北京:中華書局,1986年,第70頁。

〔註36〕(漢)許慎:《說文解字》,北京:中華書局,1985年,第145頁。

〔註37〕(清)蘇輿:《春秋繁露義證》,北京:中華書局,1992年,第157頁。

〔註38〕〔日〕安居香山、中村彰八輯:《緯書集成》,石家莊:河北人出版社,1994年,第523頁。

來獻之。〔註 39〕

《尚書帝驗期》：西王母獻舜白玉管及益地圖。〔註 40〕

《洛書靈準聽》：舜受終，鳳皇儀，黃龍感，萱荚孳，西王母授益地圖。〔註 41〕

《宋書・符瑞志》曰：「《易》曰：『河出圖，洛出書，而聖人則之。』符瑞之義大矣。」〔註 42〕可見書、圖亦是祥瑞。《洛書靈準聽》把益地圖和鳳皇、黃龍、萱荚等祥瑞之物並舉，亦可見西王母所獻之益地圖是祥瑞。在緯書的記載中，西王母除了進獻祥瑞之外，還向黃帝進獻過克敵制勝的兵符。

《春秋緯》：帝伐蚩尤，乃睡夢西王母遣道人披玄狐之裘，以符授之。〔註 43〕

《龍魚河圖》：帝伐蚩尤，乃睡夢西王母遣道人，披玄狐之裘，以符授之曰：太乙在前，天乙備後，河出符信，戰則克矣。黃帝寤，思其符，不能悉悕，以告風后、力牧。曰：此兵應也，戰必自勝。力牧與黃帝俱到盛水之側，立壇，祭以太牢。有玄龜銜符出水中，置壇中而去。黃帝再拜稽首，授符視之，乃夢中所得符也，廣三寸，袤一尺。於是黃帝佩之以征，即日擒蚩尤。〔註 44〕

黃帝攝政前，有蚩尤兄弟八十一人，並獸身人語，銅頭鐵額，食沙石子，造兵杖劍戟大弩，威震天下，誅殺無道，不仁不慈。萬民欲令黃帝行天子事。黃帝仁義，不能禁蚩尤，遂不敵。黃帝乃仰天而歎。天遣玄女，授黃帝兵法符，制以服蚩尤。〔註 45〕

〔註 39〕〔日〕安居香山、中村彰八輯：《緯書集成》，石家莊：河北人出版社，1994 年，第 388 頁。

〔註 40〕〔日〕安居香山、中村彰八輯：《緯書集成》，石家莊：河北人出版社，1994 年，第 387 頁。

〔註 41〕〔日〕安居香山、中村彰八輯：《緯書集成》，石家莊：河北人出版社，1994 年，第 1256 頁。

〔註 42〕《宋書》卷二十七《符瑞志》，北京：中華書局，1974 年，第 759 頁。

〔註 43〕〔日〕安居香山、中村彰八輯：《緯書集成》，石家莊：河北人出版社，1994 年，第 902 頁。

〔註 44〕〔日〕安居香山、中村彰八輯：《緯書集成》，石家莊：河北人出版社，1994 年，第 1150 頁。

〔註 45〕〔日〕安居香山、中村彰八輯：《緯書集成》，石家莊：河北人出版社，1994 年，第 1220 頁。

《黃帝出兵訣》：王母遣道人以符籙授之，黃帝乃立祈之壇，
親自受符，視之，乃所夢得也。黃帝佩之，即日擒蚩尤。〔註46〕

此說後來被道教所繼承並發展，在眾多道教典籍中均有關於西王母獻兵符於軒轅黃帝的記載，如《軒轅本紀》：

黃帝即與蚩尤大戰於涿鹿之野。帝未克敵，蚩尤作百里大霧彌
三日，帝之軍人皆迷惑。乃令風后法斗機作指南車，以別四方。帝
乃戰，未勝，歸太山之阿，憯然而寐。夢見西王母遣道人披玄狐之
衣，以符授帝曰：「太一在前，天一在後，得之者勝，戰則克矣。」
帝覺而思之，未悉其意，乃召風后告之。后曰：「此天應也，戰必克
矣！置壇祈之。」帝依以設壇，稽首再拜，果得符，廣三寸，長一
尺，青色，以血爲文，即佩之。仰天歎所未捷，以精思之，感天大
霧冥冥三日三夜。天降一婦人，人首鳥身，帝見稽首，再拜而伏婦
人曰：「吾玄女也，有疑問之。」帝曰：「蚩尤暴人殘物，小子欲萬
戰萬勝也。」玄女教帝《三官祕略五音權謀陰陽之術》。帝觀之十旬，
討伏蚩尤。〔註47〕

兵符並非祥瑞，而是一種秘密文書。西王母信仰在後世被納入道教中之後，西王母還被塑造成爲傳授道教經法之主，〔註48〕可以說就是對緯書中西王母授兵符於黃帝之說的道教化改造。

無論是進獻祥瑞還是進獻兵符，其信仰觀念的側重點均在物而不在人或者神，西王母只是陪襯而非崇拜的對象。但是，正如前文所說，西王母信仰從先秦時代開始就已呈現出一種複線發展的態勢。其實，在祥瑞思想盛行的漢代，也同時流行著各種以西王母爲崇拜對象的宗教觀念，在《焦氏易林》中便保存了大量相關記載。據巫鴻的統計，《焦氏易林》中西王母凡二十四見，〔註49〕其中以西王母爲宗教崇拜對象的記載主要如下：

《坤之噬嗑》：稷爲堯使，西見王母。拜請百福，賜我善子。

《訟之泰》：弱水之西，有西王母，生不知老，與天相保。

〔註46〕《北堂書鈔》卷一〇三引《黃帝出兵訣》，萬曆二十八年刊本。
〔註47〕《雲笈七籤》卷一百《軒轅本紀》，北京：中華書局，2003 年，第 2170～2171
頁。
〔註48〕王青《〈漢武帝內傳〉研究》，《文獻》1998 年第 1 期。
〔註49〕巫鴻：《武梁祠：中國古代畫像藝術的思想性》，柳揚、岑河譯，北京：三聯
書店，2006 年，第 147 頁。

《小畜之大有》：金牙鐵齒，西王母子。無有禍殃，涉道大利。

《臨之旅》：駕龍騎虎，周遍天下。爲神人使，西見王母，不
憂不殆。

《明夷之訟》：穿鼻繫株，爲虎所拘，王母祝祠，禍不成災，
遂然脫來。

《鼎之萃》：西逢王母，慈我九子。相對歡喜，王孫萬福，家
蒙福祉。〔註50〕

據此可知，在漢人的觀念中，西王母幾乎是一位全能的神，她既可爲信徒消
災禳禍，賜福呈祥，還能使信徒延年益壽，子息蕃盛，表現出西王母信仰的
一種多維度發展特徵。不過，自秦漢以降，西王母信仰逐漸與神仙思想合流，
西王母由普通的神明逐漸演變成與長生不死觀念緊密結合在一起的世外仙
眞，才是西王母信仰發展的主流方向。在這種經過長期醞釀而產生的全新的
西王母信仰中，西王母成了掌握著長生不死秘訣的仙界主宰，西王母的世界
也由邊荒遠國演變爲令人嚮往的仙境樂園。

第二節　西王母信仰的神仙化轉型

對永生的渴望，是人類的求生本能。世界上各民族的上古時代，幾乎都
曾經流行過關於人可以不死的傳說。從這一人類群體中普遍存在的心理機制
出發，在中國文化中衍生出了以追求長生不死爲鵠的神仙思想。〔註51〕《漢
書‧藝文志》曰：「神仙者，所以保性命之眞，而遊於其外者也。」〔註52〕可
見神仙思想的終極目標，是通過「保性命之眞」以超越生死大限，遊於生死
之外。

人類學家弗雷澤認爲，靈魂不死的觀念，「是處於所有進化階段的人們中
間普遍存在的一種信仰，可以當成一種毫無疑問的眞理，很難說有哪一個野

〔註50〕　劉黎明：《焦氏易林校注》，成都：巴蜀書社，2011 年，第 36、121、186、360、
　　　　628、854 頁。

〔註51〕　神仙思想在其他文化傳統中未能得到長足發展，在中國文化中卻產生了深遠
　　　　的影響，成爲中國古代最重要的宗教思想觀念之一，其主要原因在於：西方
　　　　世界經歷了軸心時代的「哲學突破」後，出現了「兩個世界」的徹底分裂，
　　　　中國文化在經歷了「哲學突破」後，「兩個世界」並未完全分裂。參閱李晟《仙
　　　　境信仰研究》，成都：巴蜀書社，2010 年，第 19 頁。

〔註52〕　陳國慶：《漢書藝文志注釋彙編》，北京：中華書局，2006 年，第 231 頁。

蠻人的部落完全沒有這種信仰。」〔註53〕在遠古時代人們的觀念中，靈魂才是生命的本真狀態，靈魂生命是沒有生死的。既然靈魂生命可以不死，那麼，進而渴慕肉體生命也同樣獲得不死的屬性，也就是一種非常自然的心理需求，這恐怕正是上古時代長生不死傳說較爲流行的根本原因。從這個角度來看，神仙思想可以說是靈魂不死觀發展至較高階段的產物。

在中國文化的上古時代，曾流行過宗法主義的族類生命不朽和人文主義的精神生命不朽兩種生命不朽觀。〔註54〕這兩種不朽觀實質上是對靈魂不朽觀的不同側重面的反映。然而，人畢竟是個體性的生命存在，樂生惡死，追求肉體生命的永恆，是人類的求生本能。以上兩種不朽觀雖然能使人的生命獲得價值和意義，能在一定程度上克服人類對死亡的憂慮和恐懼，但終究不能從根本上解決人類的生命焦慮感。因此，長壽乃至長生不死，必然會成爲一種新的生命追求。最晚從西周開始，長壽就被作爲人生中最幸福的事情受到推崇。《洪範》中標榜的「五福」的第一「福」就是「壽」，與之相對應，「六極」的第一項則是「凶、短、折」。〔註55〕根據杜正勝的研究，「大概在（周）穆王時，個人祈壽逐漸萌芽」，「到共王時典型的祈壽體例始稱完備」，此後祈求長壽成爲貴族的習尙。〔註56〕從而，追求個體生命的長度逐漸成爲一種流行思潮。進入東周以後，對長壽的追求進一步演化爲對長生不死的渴慕，遂逐漸醞釀出以追求長生不死爲終極目標的神仙思想。

也許是因爲現實世界中充滿了不可逃避的死亡，因此，在早期觀念中，長生不死的生命特性往往被賦予給一個想像世界中的人類，這個世界和現實世界之間有著難以突破的時空懸隔。《左傳》載：「齊景公曰：『古而無死，其樂若何？』晏子對曰：『古而無死，則古人之樂也，君何得焉？』」〔註57〕此處所謂「古而無死」的時代，即是一個與現實世界被時間所阻隔的完美世界。不過，絕大部分具有長生不死的生命特性的世界，均被設置於與現實世界被

〔註53〕〔英〕弗雷澤：《永生的信仰和對死者的崇拜》，轉引自葉舒憲《英雄與太陽》，西安：陝西人民出版社，2005 年，第 217 頁。

〔註54〕李晟：《仙境信仰研究》，成都：巴蜀書社，2010 年，第 20～21 頁。

〔註55〕《尚書正義》，阮元校刻《十三經注疏》本，北京：中華書局，1980 年，第 193 頁。

〔註56〕杜正勝：《從眉壽到長生——中國古代生命觀的轉變》，《中央研究院歷史語言研究所集刊》第 66 本第 2 分，1955 年。

〔註57〕《春秋左傳正義》昭公二十年，阮元校刻《十三經注疏》本，北京：中華書局，1980 年，第 2094 頁。

空間阻隔的遠方。

　　《楚辭・遠遊》：仍羽人於丹丘，留不死之舊鄉。〔註58〕

　　《楚辭・天問》：黑灰水趾，三危安在？延年不死，壽何所止？
〔註59〕

　　《海外南經》：不死之民在其東，其爲人黑色，壽，不死。

　　《大荒南經》：有不死之國，阿姓，甘木是食。

　　《大荒西經》：有軒轅之國，不壽者乃八百歲。

　　《海內經》：流沙之東，黑水之間，有山名不死之山。〔註60〕

　　《呂氏春秋・愼行論・求人篇》：（禹）南至交趾、孫樸、續橘
之國，丹粟、漆樹、沸水漂漂、九陽之山，羽人、裸民之處，不死
之鄉。〔註61〕

　　《淮南子・墜形訓》：崑崙之丘，或上倍之，是謂凉風之山，
登之不死。

　　《淮南子・時則訓》：三危之國，石室金城，飲氣之民，不死
之野。〔註62〕

　　……

在早期文獻中，對不死之鄉以及不死之鄉中擁有長生不死的生命特性的異種
人類的記載不勝枚舉。然而，神仙思想關注的畢竟是現實世界中的人如何才
能獲得長生不死的生命特性這一問題。稱道不死之鄉和不死之民的目的，無
非是爲了證明現實世界中的人也有實現長生不死的可能性而已。因此，如何
實現長生不死，才是神仙思想關注的焦點。大約在戰國中期，神仙思想逐漸
發展成爲一種以追求長生不死爲目的的宗教運動，即方仙道運動。據《史記・
封禪書》記載，齊威王、齊宣王、燕昭王就曾受到方士的鼓惑，開展了海上
求仙活動。〔註63〕《韓非子・外儲》也有「客有教燕王爲不死之道，王使人

〔註58〕（宋）洪興祖：《楚辭補注》，北京：中華書局，2006年，第167頁。
〔註59〕（宋）洪興祖：《楚辭補注》，北京：中華書局，2006年，第96頁。
〔註60〕袁珂：《山海經校注》，上海：上海古籍出版社，1980年，第196、370、401、
　　　　444頁。
〔註61〕王利器：《呂氏春秋注疏》，成都：巴蜀書社，2002年，第2753～2756頁。
〔註62〕何寧：《淮南子集釋》，北京，中華書局，1998年，第328、435頁。
〔註63〕《史記》卷二十八《封禪書》，北京：中華書局，1963年，第1369頁。

學之」的記載。〔註64〕在先秦時期,「不死之道」大凡有二:其一,騎乘某種神異動物以獲得長生不死。《海外西經》云:「有乘黃,其狀如狐,其背上有角,乘之壽二千歲。」《海內北經》云:「有文馬,縞身朱鬣,目若黃金,名曰吉量,乘之壽千歲。」〔註65〕秦漢時期關於黃帝乘龍登天的傳說,也屬於此類求仙方法。但是,這種獲得長生不死的方法並非主流,最主要的獲得長生不死的方法是服食不死之藥。戰國方士干謁王侯,推銷其長生不死之說,兜售的最重要的東西便是所謂不死之藥。《韓非子・說林》載:「有獻不死藥於荊王者,謁者操之以入。」〔註66〕關於不死之藥的記載,更多見於《山海經》及《楚辭》等典籍之中:

> 《楚辭・九章・涉江》:登崑崙兮食玉英,與天地兮比壽,與日月兮齊光。〔註67〕

> 《楚辭・哀時命》:願至崑崙之懸圃兮,採鍾山之玉英。〔註68〕

> 《海內西經》:開明東有巫彭、巫抵、巫陽、巫履、巫凡、巫相,夾窫窳之屍,皆操不死藥以距之。郭璞云:爲距卻死氣,求更生。

> 《海內西經》:海內崑崙之虛,在西北,帝之下都。崑崙之虛,方八百里,高萬仞。上有喬木,長五尋,大五圍。面有九井,以玉爲檻,門有開明獸守之,百神之所在。在八隅之岩,赤水之際,非仁羿不能上岡之岩。

> 《大荒西經》:有靈山,巫咸、巫即、巫盼、巫彭、巫姑、巫眞、巫禮、巫抵、巫謝、巫羅十巫,從此升降,百藥爰在。〔註69〕

> ……

按照方詩銘的說法,《楚辭》中的玉英乃是不死之藥。〔註70〕根據《山海經》的記載,不死之藥只有巫師才能採集得到,但是並不存在掌控不死之藥的固

〔註64〕 (清)王先慎:《韓非子集解》,北京:中華書局,2006年,第270頁。

〔註65〕 袁珂:《山海經校注》,上海:上海古籍出版社,1980年,第225、310頁。

〔註66〕 (清)王先慎:《韓非子集解》,北京:中華書局,2006年,第176頁。

〔註67〕 (宋)洪興祖:《楚辭補注》,北京:中華書局,2006年,第129頁。

〔註68〕 (宋)洪興祖:《楚辭補注》,北京:中華書局,2006年,第260頁。

〔註69〕 袁珂:《山海經校注》,上海:上海古籍出版社,1980年,第301、296、396頁。

〔註70〕 方詩銘:《西王母傳說考——漢人求仙思想與西王母》,《東方雜誌》1946年第42卷第14期。

定神靈。在當時的觀念中，進入仙鄉求取不死之藥是一種被巫師壟斷的技術手段。〔註71〕這種情況一直到秦始皇時期也沒有發生根本改變。比如著名的海上三神山，「其傳在勃海中，去人不遠；患且至，則船風引之而去。蓋嘗有至者，諸仙人及不死藥皆在焉。」〔註72〕雖然三神山中有仙人和不死藥，但在此語境之中，二者是並列關係，並未明言諸仙人是不死藥的掌控者，而且「諸仙人」也只是一種泛泛所指，並非某一特定的神明。秦始皇「使燕人盧生求羨門、高誓」，「使韓終、侯公、石生求仙人不死之藥」。〔註73〕羨門、高誓只是古之仙人，並非不死之藥的掌控者。在這個時代，求取不死藥的主角也逐漸由巫師轉變爲方士。進入西漢以後，這種情況發生了變化。西王母成爲不死之藥的掌控者，西王母信仰逐漸和神仙信仰合流，西王母也逐漸轉型爲掌握著生死秘訣的世外仙眞。余英時先生認爲，西王母轉變爲求仙的對象，和隨著漢帝國的向西拓進，漢武帝意欲求長生不死之道於西方世界有關。〔註74〕

　　在戰國時代的典籍中，西王母與不死藥之間沒有任何聯繫。但是有些典籍卻暗示，西王母很可能跟長生不死的信仰有關。《莊子·大宗師》曰：「西王母得之，坐乎少廣，莫知其始，莫知其終。」〔註75〕按照成玄英的解釋，西王母是因爲「得道」才能夠做到超越生死。〔註76〕成玄英的說法顯然夾雜著後世道教的觀念因素，然而，《穆天子傳》中西王母吟唱給周穆王的歌謠中「將子無死，尚能復來」〔註77〕的歌詞，則暗示西王母應該是一位長生不死

〔註71〕在《山海經》、《淮南子》等典籍中，傳說中的英雄人物后羿和不死之鄉崑崙以及不死藥有著密切聯繫。陳夢家認爲，在上古時代，「王者自己雖爲政治領袖，同時仍爲群巫之長」。也就是說，傳說時代的聖王和英雄通常都具有巫的身份。其實這種現象在其他文化中也普遍存在，比如據韓國古籍《三國史記》記載，新羅國第二代王稱「南解次次雄」，新羅人金大問曰：「次次雄，方言謂巫也。」這就表明新羅上古時代的王也具有巫師的身份。由此可見，可以登上崑崙求得仙藥的傳說中的英雄人物后羿，應該也有巫師的身份。參閱陳夢家：《商代的神話與巫術》，《燕京學報》1936 年第 20 期，第 535 頁；（高麗）金富軾：《三國史記》，首爾：景仁文化社，1977 年，第 10 頁。

〔註72〕《史記》卷二十八《封禪書》，北京：中華書局，1963 年，第 1370 頁。

〔註73〕《史記》卷六《秦始皇本紀》，北京：中華書局，1963 年，第 251～252 頁。

〔註74〕余英時：《東漢生死觀》，侯旭東等譯，上海：上海古籍出版社，2005 年，第 30～31 頁。

〔註75〕（清）郭慶藩《莊子集釋》，北京：中華書局，2007 年第 247 頁。

〔註76〕（清）郭慶藩《莊子集釋》，北京：中華書局 2007 年，247 頁。

〔註77〕《穆天子傳》卷三，《漢魏六朝筆記小說大觀》，上海：上海古籍出版社，1999 年，第 14 頁。

的神明。根據民俗學的一般原理，任何一個神話傳說在固化爲文本之前，必然會經過一個長期的充滿了動態變化的流傳過程。神話傳說在進入文本記載之時，也不可避免會出現大量的信息流失。因此，不能排除在早期的西王母神話中，長生不死的神明西王母同時也是不死之藥的掌握者的可能性。退一步來說，即使僅僅憑藉現有的先秦文獻也可證明西王母和長生不死信仰有著某種聯繫，這恐怕正是在神仙思想流行的漢代，西王母信仰逐漸與神仙思想合流，實現神仙化轉型，成爲掌握著長生不死秘訣的神仙的內在原因。

與戰國文獻中西王母的長生不死特徵尚不明顯形成鮮明對比，漢代文獻中還出現了強調西王母長生不死特性的記載。比如，司馬相如的《大人賦》：「吾乃今目睹西王母曬然白首。載勝而穴處兮，亦幸有三足烏爲之使。必長生若此而不死兮，雖濟萬世不足以喜。」〔註78〕焦延壽的《易林·訟之泰》：「弱水之西，有西王母，生不知老，與天相保。」〔註79〕揚雄的《甘泉賦》：「想西王母欣然而上壽兮，屏玉女而卻宓妃。」〔註80〕司馬相如作《大人賦》意在諫止漢武帝求仙，故而對西王母略有負面描述，但仍然明確肯定西王母是長生不死的神明，可見這種觀點在當時已經非常流行。漢人在強調西王母具有長生不死的神性的同時，還進而把西王母與不死之藥聯繫在一起，西王母從而成爲不死之藥的掌管者。最早的記載見於《淮南子》。《淮南子·冥覽訓》曰：「羿請不死之藥於西王母，姮娥竊以奔月。」〔註81〕這一傳說在後來的漢代文獻中被一再提及：

> 昔姮娥以西王母不死之藥服之，遂奔爲月精。〔註82〕

> 羿請不死之藥於西王母，姮娥竊之以奔月，將往，枚筮於有黃，有黃筮之曰：「吉。翩翩歸妹，獨將西行，逢天晦芒，毋驚毋恐，後且大昌。」姮娥遂託身於月，是爲蟾蜍。〔註83〕

〔註78〕《史記》卷一百一十七《司馬相如列傳》，北京：中華書局，1963年，第3060頁。

〔註79〕劉黎明：《焦氏易林校注》，成都：巴蜀書社，2011年，第121頁。

〔註80〕揚雄：《甘泉賦》，《文選》卷七，上海：上海古籍出版社，1986年，第330頁。

〔註81〕何寧：《淮南子集釋》，北京，中華書局，1998年，第502頁。

〔註82〕（梁）蕭統編、（唐）李善注：《文選》卷十三《月賦》注引《歸藏》，上海：上海古籍出版社，1986年，第600頁。亦見《北堂書鈔》卷一五〇，《御覽》卷九八四。

〔註83〕（劉宋）范曄：《後漢書·天文志》注引張衡《靈憲》，北京：中華書局，1965年，第3216頁。

從人類學的角度來看，不死藥與嫦娥、月亮等發生關係，或許跟月亮的盈縮代表著重生有關。但是在漢人的傳說中，跟西王母的仙藥有關的並非只有月精嫦娥，比如《河圖括地象》就曾記載：「殷帝大戊，使王孟採藥於西王母。」〔註84〕可見在漢人的宗教觀念中，西王母的不死藥並不是只賜予嫦娥，同時也面向其他信眾。漢代墓葬中大量存在的西王母和仙藥的圖像，就能夠更進一步證明這一點。

西王母信仰與神仙思想合流，實現神仙化轉型的標誌，是西王母信仰與崑崙神話的融合，二者的融合大概發生在西漢末期。西王母和崑崙山本是各自獨立的兩個神話系統。〔註85〕《莊子》、《荀子》只提到西王母，未提及崑崙山；《山海經》和《穆天子傳》雖然同時提到西王母和崑崙山，但是二者之間沒有直接聯繫，崑崙山並非西王母的治所。先秦文獻中只有《竹書紀年》關於周穆王見西王母的記載，能夠表明崑崙山是西王母的治所。但是，《竹書紀年》原書早已亡佚，現存《竹書紀年》均是後人的輯佚本，是否可信還需另當別論。方詩銘先生曾遍輯歷代文獻中關於周穆王見西王母的《竹書紀年》佚文，茲列舉如下：

> 穆王十七年，西征崑崙丘，見西王母。其年來見，賓於昭宮。
> （《穆天子傳注》）

> 穆王見西王母，西王母止之曰：「有鳥諻人。」（《穆天子傳注》）

> 穆王（五）十七年，西王母來見，賓於昭宮。（《列子·周穆王》釋文）

> 穆王十七年，西征崑崙丘，〔遂〕見西王母。（《史記·秦本紀》集解引郭璞注）

> 周穆王十七年，西征，至崑崙丘，見西王母，王母止之。（《藝文類聚》卷七山部）

> 穆王十七年，西征，至於崑崙丘，見西王母，乃晏。（《白氏六貼事類集》卷二崑崙山）

〔註84〕〔日〕安居香山、中村彰八輯：《緯書集成》，石家莊：河北人出版社，1994年，第1094頁。

〔註85〕巫鴻：《武梁祠：中國古代畫像藝術的思想性》，柳揚、岑河譯，北京：三聯書店，2006年，第138～139頁。

周穆王十七年，西征，至崑崙丘，見西王母。(《太平御覽》卷
三八地部）〔註86〕

以上佚文均係後人轉引《竹書紀年》，記載的是同一件事情，原文應該是相同
的。但是，佚文之間卻略有不同，最大的差異表現為崑崙丘與西王母的關係。
有些佚文只提到周穆王西征見西王母，有些佚文則將二者會面的地點定位於
崑崙丘，也就是說崑崙丘是西王母的治所。那麼，哪一種佚文更接近《竹書
紀年》原文呢？後人轉引前人著述時，原文內容經過轉引後發生變化，其原
因大體有三：一、由於引用者疏忽造成筆誤；二、傳抄或翻刻時因為疏忽造
成訛誤；三、轉引者或傳抄者、翻刻者受後出觀念影響對所引原文進行改動。
對比諸條佚文，前兩種可能性大體可以排除。那麼，造成佚文內容的差異也
就只會是第三個原因。以晉人郭璞為例，《史記集解》引郭璞注，及《穆天子
傳》郭璞注，郭璞所引《竹書紀年》之文均稱「穆王西征崑崙丘，見西王母」，
但是他在《穆天子傳》的另一條注文中同樣引《竹書紀年》，卻沒有提到崑崙
丘。同出郭璞之手的兩條佚文，哪一條更忠於原文呢？郭璞在注《大荒西經》
時說：「《河圖玉版》亦曰：『西王母居崑崙之山。』……然則西王母雖以崑崙
之宮，亦自有離宮別窟，遊息之處，不專住一山也。故記事者各舉所見而言
之。」〔註87〕《山海經》中並沒有西王母居崑崙山的說法，可見郭璞對《山
海經》的注釋採用了後出的觀念。以此推之，沒有提到崑崙丘的佚文可能才
更接近於《竹書紀年》原文。也就是說，現存《竹書紀年》佚文中「穆王西
征崑崙丘，見西王母」的說法其實受到了後出觀念的影響。

在大多數西漢文獻中，也同樣沒有關於西王母居崑崙山之說。《淮南子》
一書三處提及西王母，兩處講到崑崙山，但從未指明崑崙山是西王母的住地，
相反卻說西王母住在「流沙之瀕」。〔註88〕《尚書大傳》、《大戴禮記》、《史記》、
《大人賦》、《甘泉賦》等提到過西王母的文獻中也都沒有西王母居崑崙山的
記載。大約成書於西漢末年的《易林》一書中，西王母出現過二十四次之多，
崑崙出現了十次之多，也同樣沒有把二者聯繫起來。〔註89〕山東臨沂金雀山9

〔註86〕方詩銘、王修齡：《古本竹書紀年輯證》，上海：上海古籍出版社，1981年，
　　　　第47～48頁。
〔註87〕袁珂：《山海經校注》，成都：巴蜀書社，1993年，第467頁。
〔註88〕何寧：《淮南子集釋》，北京，中華書局，1998年，第361頁。
〔註89〕巫鴻：《武梁祠：中國古代畫像藝術的思想性》，柳揚、岑河譯，北京：三聯
　　　　書店，2006年，第139頁。

號漢墓出土的漢武帝時期帛畫，以及湖南長沙砂子塘 1 號漢墓、湖南長沙馬王堆 1 號漢墓出土的西漢前期漆棺畫圖像，經日本學者曾布川寬考證，其中均繪有崑崙山圖像，但卻沒有出現西王母的圖像。〔註90〕在 1976 年出土的西漢中後期卜千秋墓葬壁畫中，第一次出現了西王母畫像，〔註91〕但是西王母坐在雲彩之上而非崑崙山上。由此可見，在西漢中期之前，西王母雖然已經演變成掌握著不死之藥和長生不死秘訣的神明，但是她還沒有和崑崙山發生聯繫。直到西漢末期以後，西王母信仰才開始逐漸和崑崙神話融合。到東漢前期，西王母才正式登上崑崙山，成為了崑崙山的主人。

　　西漢末年哀、平之世，讖緯之學大興。〔註92〕在緯書中第一次出現了西王母居崑崙山的說法。《河圖玉版》曰：「西王母居崑崙之山。」《河圖括地象》曰：「崑崙之弱水中，非乘龍不得至。有三足神鳥，為西王母取食。」〔註93〕在有些緯書中，對崑崙山西王母的描述已經與後世道教的說法非常接近，如《尚書帝驗期》曰：「王母之國在西荒，凡得道受書者，皆朝王母於崑崙之闕。王褒字子登，齋戒三月，王母授以瓊花寶曜七晨素經。茅盈從西城王君，詣白玉龜臺，朝謁王母，求長生之道。王母授以玄真之經，又授寶書，童散四方。洎周穆王，駕龜黿魚鱉為梁以濟弱水，而升崑崙玄圃閬苑之野，而會於王母，歌白雲之謠，刻石紀跡於弇山之下而還。」〔註94〕此段記載中出現了王褒、茅盈等後世道教上清派的仙真，可以說是後世道教西王母說的重要源頭。

　　當然，西漢末年西王母居崑崙山新說的出現也並非空穴來風。在《山海經》和《穆天子傳》中，西王母的住處就比較接近崑崙。也許是受此類先秦典籍的影響，司馬相如在描寫西王母之前曾寫道：「西望崑崙之軋沕洸

〔註90〕信立祥：《漢代畫像石綜合研究》，北京：文物出版社，2000 年，第 143～144 頁。
〔註91〕洛陽博物館：《洛陽西漢卜千秋壁畫墓發掘簡報》，《文物》1977 年第 6 期。
〔註92〕金春峰：《漢代思想史》，北京：中國社會科學出版社，2006 年，第 305 頁。關於讖緯的起源，異說眾多，最早的將讖緯來源追溯至上古時代，最晚的說法則定於西漢末期。本文接受讖緯興起於西漢末年哀、平之世的說法。關於讖緯起源諸說，可參閱鍾兆鵬：《讖緯論略》，瀋陽：遼寧教育出版社，1995 年，第 11～21 頁。
〔註93〕〔日〕安居香山、中村彰八輯：《緯書集成》，石家莊：河北人出版社，1994 年，第 1147、1092 頁。
〔註94〕〔日〕安居香山、中村彰八輯：《緯書集成》，石家莊：河北人出版社，1994 年，第 387 頁。

忽兮」，〔註95〕這難免會引導人們將二者聯繫起來。《山海經・海內西經》提到崑崙之墟時說「非仁羿莫能上岡之巖」，〔註96〕《淮南子》一方面說：「羿請不死之藥於西王母」，〔註97〕同時又說：「崑崙之丘，或上倍之，是謂涼風之山，登之不死。」〔註98〕崑崙係不死之鄉，西王母是不死之藥的掌管者，那麼，掌管不死之藥的西王母居於不死之鄉崑崙山，后羿登上崑崙山向西王母求取仙藥，也便是很自然會產生的聯想。顧頡剛先生曾指出：崑崙「是一個有特殊地位的神話中心，也是一個民族宗教的中心，在宗教史上有它永恆的價值」，「崑崙的全部事物籠罩在『不死』觀念的下面。」〔註99〕與崑崙神話相比，早期的西王母神話所反映出的長生不死觀念要遜色得多。先秦文獻最多只是暗示西王母有可能是長生不死的神明，直到西漢中前期西王母才正式和長生不死結下不解之緣。秦漢以降，先秦時代神性特徵較為駁雜的西王母逐漸與神仙思想合流，其駁雜的神性特徵逐漸開始向長生不死這一核心宗教觀念凝聚，西王母才逐漸演變為掌握著長生不死秘訣的偉大神明。崑崙雖然是一個籠罩在「不死」觀念下的神聖之域，但是卻缺乏一位掌管不死神權的主神。於是，相同的方位特徵以及相同的長生不死觀念，使西王母信仰與崑崙神話最終得以融合，西王母從而成了崑崙山的主神。西王母信仰與崑崙神話的結合，可以說達到了一種優勢互補的效果。以長生不死觀念為中心的崑崙文化獲得了可以作為崇拜對象的神明，西王母信仰則獲得了更為深厚的長生不死的信仰根基，從而成功完成了神仙化的轉型。

　　進入東漢以後，西王母信仰中又出現了與之相對應的對偶神東王公。卜辭中的東母、西母和《楚辭》中的東皇、西皇，均有對偶神的特徵。然而，正如前文所述，西母與西皇均非西王母。小南一郎認為，《山海經》中掌管「德氣」的神「長乘」可以與掌管「刑氣」的神西王母看作一對，〔註100〕但是此

〔註95〕《史記》卷一百一十七《司馬相如列傳》，北京：中華書局，1963 年，第 3060 頁。

〔註96〕袁珂：《山海經校注》，成都：巴蜀書社，1993 年，第 345 頁。

〔註97〕何寧：《淮南子集釋》，北京，中華書局，1998 年，第 502 頁。

〔註98〕何寧：《淮南子集釋》，北京，中華書局，1998 年，第 328 頁。

〔註99〕顧頡剛：《〈山海經〉中的崑崙區》，《古史辨自序》，石家莊：河北教育出版社，2000 年，第 734、759 頁。

〔註100〕〔日〕小南一郎：《中國的神話傳說與古小說》，孫昌武譯，北京：中華書局，2006 年，第 27 頁。

說純屬推測之辭,《山海經》並沒有強調西王母與長乘的對應關係。《淮南子》中有「夏桀之時,西老折勝,黃神嘯吟」〔註101〕之說。西老無疑是指西王母,黃神則指黃帝,但是此處所謂「西老折勝,黃神嘯吟」,僅是出於一種修辭的需要,並不能證明西老和黃神是對偶神。有些學者認爲是東王公是由周穆王演化而來,〔註102〕有些學者則認爲東王公「可能是從先秦信仰中的東皇太一發展嬗變而來」,〔註103〕甚至還有學者推測東王公就是太上老君的原型。〔註104〕然而,以上諸說也都是出於推測,難爲確論。就現存資料來看,最早與西王母相對應的神明出自東漢中期的墓葬圖像,但不是東王公而是風伯。〔註105〕當時的墓葬畫像布局以風伯對西王母,應該是西王母的對偶神尚未被創造出來之時的一種權宜之計。東漢中期以後,西王母的對偶神東王公才在群眾性造仙運動中被正式創造出來。〔註106〕此後,西王母和東王公的對偶關係才在大量的墓葬圖像和銅鏡銘文中得到了集中體現。對西王母和東王公最著名的記載出自據傳爲東方朔所作的《神異經》。

> 東荒山中,有大石室,東王公居焉。長一丈,頭髮皓白,人形鳥面而虎尾。載一黑熊,左右顧望。恒與一玉女投壺,每投千二百矯,設有入不出者,天爲之囇噓。矯出而脱誤不接者,天爲之笑。〔註107〕

> 崑崙之山有銅柱焉,其高入天,所謂天柱也,圍三千里,周圓如削,下有回屋,方百丈,仙人九府治之。上有大鳥,名曰希有,南向,張左翼覆東王公,右翼覆西王母;背上小處無羽,一萬九千里,西王母歲登翼上,會東王公也。其柱銘曰:「崑崙銅柱,其高入天,圓周如削,膚體美焉。」其鳥銘曰:「有鳥希有,碌赤煌煌,不

〔註101〕何寧:《淮南子集釋》,北京:中華書局,1998年,第489頁。

〔註102〕李東峰、楊文豔:《漢代西王母與東王公神話的歷史考察》,《寶雞文理學院學報》(社會科學版)2007年第4期。

〔註103〕信立祥:《漢代畫像石綜合研究》,北京:文物出版社,2000年,第156頁。

〔註104〕馬西沙、韓秉方:《中國民間宗教史》,北京:中國社會科學出版社,2004年,第59頁。

〔註105〕信立祥:《漢代畫像石綜合研究》,北京:文物出版社,2000年,第154頁。巫鴻:《陰陽理論與漢代西王母東王公形象的塑造——山東武梁祠山牆畫像研究》,孫妮譯,《西北美術》1997年第3期。

〔註106〕信立祥:《漢代畫像石綜合研究》,北京:文物出版社,2000年,第148頁。

〔註107〕《神異經‧東荒經》,《漢魏六朝筆記小説大觀》,上海:上海古籍出版社,1999年,第49頁。

鳴自食，東覆王公，西覆王母，王母欲東，登之自通，陰陽相須，唯會益工。」〔註108〕

《神異經》的記載充滿神話色彩，但是西王母與東王公共同校理陰陽之說已初具雛形，此說被道教繼承，成為西王母、東王公信仰的基本模式。根據俞偉超的研究，最遲在東漢後期，東王公西王母信仰就已融入天師道信仰之中，「東漢順帝以後太平道和天師道等早期道教盛行於大河上下、長江南北的時候，『東王公』與『西王母』已成為道教信奉的神人。」〔註109〕隨著道教的發展，西王母和東王公的職司被進一步明確化。《眞誥・甄命授》曰：「昔漢初有四五小兒，路上畫地戲。一兒歌曰：『著青裙，入天門，揖金母，拜木公。』到復是隱言也，時人莫知之。唯張子房知之，乃往拜之。此乃東王公之玉童也。所謂金母者，西王母也。木公者，東王公也。仙人拜王公，揖王母。」〔註110〕《仙傳拾遺》云：「木公，亦云東王父，亦云東王公……九靈金母一歲再遊其宮，共校定男女眞仙階品功行以升降之。」〔註111〕類似的說法還大量見諸後世道教典籍之中。至此，西王母和東王公正式演變成為在天上掌管男女仙眞「階品功行」的兩大神明。

西王母信仰在歷史上長期處於不斷的發展變化之中，「在『變相』中卻始終維持其不變的『本相』，就是象徵方位的神話思維。」〔註112〕東王公這一神明的出現，可以說是「象徵方位的神話思維」和陰陽五行思想相結合的產物，構成了西王母信仰的另外一極。不過，這位男性神祇並不具備與西王母同樣重要的地位，他幾乎只是西王母的一個陪襯。西王母的對偶神東王公出現之後，西王母信仰的神仙化轉型始稱完備，並為此後向道教化方向的發展演進奠定了基礎。

〔註108〕《神異經・中荒經》，《漢魏六朝筆記小說大觀》，上海：上海古籍出版社，1999年，第57頁。

〔註109〕俞偉超：《東漢佛教圖像考》，見《西王母文化研究集成論文卷》上卷，桂林：廣西師範大學出版社，2008年，第184頁。原載《文物》1980年第5期，68～77頁。

〔註110〕（日）吉川忠夫、麥谷邦夫：《眞誥校注》，朱越利譯，北京：中國社會科學出版社，2006年，第174頁。

〔註111〕（宋）李昉：《太平廣記》卷一引《仙傳拾遺》，北京：中華書局，1961年，第5頁。

〔註112〕李豐楙：《仙境與遊歷——神仙世界的想像》，北京：中華書局，2010年，第10頁。

第三節　西王母信仰運動的興起

儀式與神話經常互為表裏，儀式是行動象徵，而神話則是語言象徵，藉語言、文字的表達支持，合理化儀式中所要表達的同一心理需求。〔註113〕然而，儀式和神話之間這種互為表裏的關係，往往只在本土神話中才是共生的。對外來神話而言，至少在其傳入的初始階段，神話通常只是作為一種神奇故事流傳，不一定會有與之相對應的儀式。只有當外來神話逐漸與本土文化融合，被輸入地的人民所接受，並成為輸入地人民的一種信仰之後，才有可能產生與之相適應的儀式系統。

西王母神話雖然在戰國時代既已廣泛流傳，但是從先秦文獻的記載中似乎還看不出當時已經出現了與西王母神話相應的宗教儀式的痕跡。進入西漢以後，西王母神話開始和神仙思想合流，但這種情況也沒有馬上發生大的改觀。《史記‧封禪書》、《漢書‧郊祀志》中都沒有跟西王母相關的記載，說明至少在西漢中、前期，可能還沒有出現以西王母為崇拜對象的宗教活動。儘管有學者認為漢武帝的求仙活動隨著漢帝國向西的開拓，逐漸開始指向西方，〔註114〕但是也還缺乏能夠證明漢武帝曾求仙於西王母的直接證據。

據《史記‧封禪書》記載，受方士公孫卿鼓惑，漢武帝曾先後三次幸緱氏城或緱氏山求仙。〔註115〕唐代道書《金母元君傳》曰：「金母生於神州伊川，厥姓緱氏，生而飛翔，以主陰靈之氣，理於西方，亦號王母。」〔註116〕《雲笈七籤》本《墉城集仙錄‧緱仙姑》云：

> 緱仙姑者，長沙人也。入道居衡山，年八十餘，容色甚少，於嶽之下魏夫人仙壇精修香火，十餘年孑然無侶。壇側多虎狼，常人遊者，須結侶執兵器方敢入，仙姑深隱其間，曾無所畏。數年後，有一青鳥，形如鳩鴿，洪頂長尾，飛來所居，自語曰：「我南嶽夫人使也。以姑修道精苦，獨棲窮林，命我為伴耳。」他日又言：「西王

〔註113〕李亦園：《神話的意境》，臺北：巨流圖書公司，1977年，第164頁。

〔註114〕余英時：《東漢生死觀》，侯旭東等譯，上海：上海古籍出版社，2005年，第30～31頁。

〔註115〕《史記》卷二十八《封禪書》，北京：中華書局，1963年，第1396、1397、1399頁。

〔註116〕《墉城集仙錄》卷一《金母元君》，《道藏》第18冊，第186頁。按：《雲笈七籤》本《墉城集仙錄》作《西王母傳》，見《雲笈七籤》卷一百一十四，北京：中華書局，2003年，第2528頁。

母姓緱，乃姑之聖祖也。聞姑修道勤至，將有眞官降而授道，但時
未至耳，宜勉於修勵也。」每有人遊山，必青鳥豫說其姓字及其日，
一一皆驗。又曰：「河南緱氏，王母修道之處，故鄉之山也。〔註117〕

據此可知，河南緱氏是西王母信仰的重鎮。《墉城集仙錄》的作者杜光庭是唐
末著名道士，他記載西王母生於伊川緱氏必有其傳承，說明至晚在唐代，河
南緱氏就是西王母信仰極爲流行之地。但是，在漢武帝時期緱氏是否也同樣
跟西王母信仰有密切關聯，則還無從判斷。因此，漢武帝幸緱氏城或緱氏山
求仙，其求仙對象是否就是西王母，也同樣難以確定。〔註118〕另據《漢武故
事》載：「田千秋奏請罷諸方士，斥遣之。上曰：『大鴻臚奏是也。其海上諸
侯及西王母驛悉罷之。』拜千秋爲丞相。」〔註119〕西王母驛既然因爲田千秋
反對方士求仙活動被罷黜，說明西王母也是當時的求仙對象。但是，《漢武故
事》屬於野史小說類型的文獻，而且成書年代難以判定，因此《漢武故事》
的記載也不能作爲漢武帝已向西王母求仙的可靠證據。由此可見，在漢武帝
時代，西王母掌握著不死之藥和長生不死秘訣的神話是否已經轉爲向西王母
求取長生不死之道的宗教活動，仍然難以遽下結論。

現存最早的反映西王母崇拜的實物資料，是 1976 年在河南洛陽邙山南麓
出土的卜千秋墓葬壁畫。該墓葬的建造時間大概是西漢中期稍後的昭宣之世
（前 86～前 49）。〔註120〕在壁畫圖像中，有一女子面向墓主夫婦跪坐，作啓
事狀。曾布川寬認爲該女子就是西王母，〔註121〕孫作雲則認爲是西王母派來
迎接墓主人的侍女。〔註122〕無論該女仙是西王母還是西王母的侍女，都能證明
在西漢昭帝、宣帝之時，已經出現了以西王母爲崇拜對象的宗教信仰。〔註123〕

〔註117〕《雲笈七籤》卷一百一十四《墉城集仙錄·緱仙姑》，北京：中華書局，2003
年，第 2554 頁。
〔註118〕孫作雲認爲漢武帝緱氏求仙的對象應當是仙人王子喬。參閱孫作云：《洛陽西
漢卜千秋墓壁畫考釋》，《文物》1977 年第 6 期。
〔註119〕《漢武故事》，《漢魏六朝筆記小說大觀》，上海古籍出版社，1999 年，第 176
頁。
〔註120〕洛陽博物館：《洛陽西漢卜千秋壁畫墓發掘簡報》，《文物》1977 年第 6 期。
〔註121〕〔日〕曾布川寬：《崑崙山と昇仙圖》，《東方學報》51 冊，第 161 頁。
〔註122〕孫作云：《洛陽西漢卜千秋墓壁畫考釋》，《文物》1977 年第 6 期。
〔註123〕其實其他一些西漢中後期墓葬中也有跟西王母崇拜相關的圖像，如鄭州新通
橋漢代空心磚墓、鄭州南關外漢代空心磚墓，均有刻繪著西王母及玉兔搗藥
圖像的畫像磚。這些墓葬大約建於西漢中後期，但是難以判定其準確建造時
間，所以孰早孰晚亦難以確定。巫鴻認爲卜千秋墓葬壁畫是現在所知最早的

李豐楙根據《漢書・哀帝紀》關於哀帝建平四年「關東民傳行西王母籌，經歷郡國，西入關至京師，民又會聚祠西王母」的記載，推測說「漢代民間早就有西王母的祠祭，或有西王母祠廟等信仰，因而形成崇拜其神靈的熱烈情況。……（西王母祠）已非地區性的祠廟，而是全國性的信仰。」〔註124〕漢人衛宏的相關記載也能驗證李豐楙的推測。《太平御覽・禮儀部》引衛宏《漢舊儀》曰：「祭王母於石室，皆有所二千石令長奉祀。」〔註125〕衛宏是東漢初年光武帝時期的人，他的記載反映的應該是西漢時期的情況。根據衛宏的記載，至少在西漢中、後期全國各地應該已經出現了以西王母崇拜爲中心的祠廟祭祀活動，奉祀西王母甚至成爲地方官員的宗教使命。恐怕正是因爲以西王母爲崇拜對象的宗教活動自西漢中期以來已經開始流行，所以在西漢末年的漢哀帝時期，終於醞釀出了中國宗教史上第一次席卷全國的大規模的西王母信仰運動。《漢書》的《哀帝紀》、《天文志》、《五行志》對此有較爲詳細的記載。

> （建平）四年春，大旱，關東民傳行西王母籌，經歷郡國，西入關至京師，民又會聚祠西王母，或夜持火上屋，擊鼓號呼相驚恐。〔註126〕

> 哀帝建平元年正月丁未日出時，有著天白氣，廣如一匹布，長十餘丈，西南行，謹如雷，西南行一刻而止，名曰天狗。傳曰：「言之不從，則有犬禍詩妖。」到其四年正月、二月、三月，民相驚動，謹嘩奔走，傳行詔籌，祠西王母，有曰從目人當來。〔註127〕

> 哀帝建平四年正月，民驚走，持稿或梔一枚，傳相付與，曰行

西王母圖像，本文暫從巫鴻之說。另，西漢時期的西王母圖像均出自河南，這說明以西王母爲崇拜對象的宗教信仰很可能是從河南地區興起的；下文即將要探討的哀帝建平四年爆發的大規模民間西王母信仰運動是從關東向關西迅速傳播，似乎也能證明這一點。參閱鄭州市博物館：《鄭州新通橋漢代空心磚墓》，《文物》1972 年第 10 期；鄭州市文物考古研究所：《鄭州市南關外漢代畫像空心磚墓》，《中原文物》1997 年第 3 期；史家珍、李娟：《洛陽新發現西漢畫像磚》，《中原文物》2005 年第 6 期；巫鴻：《武梁祠：中國古代畫像藝術的思想性》，柳揚、岑河譯，北京：三聯書店，2006 年，第 129 頁。

〔註124〕李豐楙：《西王母五女神話的形成及其演變》，《仙境與遊歷：神仙世界的想像》，北京：中華書局，2010 年，第 90 頁。

〔註125〕（清）孫星衍：《漢官五種》，北京：中華書局，1990 年，第 100 頁。

〔註126〕《漢書》卷十一《哀帝紀》，北京：中華書局，1962 年，第 342 頁。

〔註127〕《漢書》卷二十六《天文志》，北京：中華書局，1962 年，第 1311～1312 頁。

詔籌。道中相過逢多至千數，或被髮徒踐，或夜折關，或踰牆入，或乘車騎奔馳，以置驛傳行，經歷郡國二十六，至京師。其夏，京師郡國民，聚會里巷阡陌設祭張博具，歌舞祠西王母。又傳書曰：「母告百姓，佩此書者不死。不信我言，視門樞下，當有白髮。」至秋止。〔註128〕

對這場大規模的民間宗教騷亂，史書中只保存了屬於大傳統的精英階層對此次事件的起因及其象徵意義的解釋。精英階層往往以漢代流行的天人感應思想爲理論基礎，把這場運動解釋爲上天告譴的災祥。在此時操控國家權柄的王莽看來，民間「傳行西王母籌」運動實際上是一種預示著應由聖明女主「紹我漢功」的祥瑞。在由他主持頒發的兩則詔誥中說：

> 莽於是依《周書》作大誥曰：「……太皇太后肇有元城沙鹿之右，陰精女主聖明之祥，配元生成，以興我天下之符，遂獲西王母之應，神靈之徵，以祐我帝室，以安我太宗，以紹我後嗣，以繼我漢功。」〔註129〕

> 莽乃下詔曰：「……予伏念皇天命予爲子，更命太皇太后爲『新室文母太皇太后』，協於新室。故交待之際，信於漢氏。哀帝之代，世傳行詔籌，爲西王母共具之祥，當爲歷代爲母，昭然著明。予只畏天命，敢不欽承！」〔註130〕

王莽所謂聖明女主太皇太后，實際上就是其姑母王政君。王政君是漢成帝之母，是王氏外戚集團得以攫取漢室權柄的後臺。因爲西王母是女性神明，所以王莽便把民間西王母信仰運動解釋爲有利於自己的符瑞，即所謂「陰精女主聖明之祥，配元生成，以興我天下之符，遂獲西王母之應。」王莽在篡奪漢室政權，以新代漢之後，又立王政君爲新室文母太皇太后，哀帝時期的西王母信仰運動甚至又有被其解釋爲「新室文母太皇太后，協於新室……爲西王母共具之祥」，由此，「傳行西王母籌」的民間宗教運動又成了新莽政權取代漢室政權的符瑞，以新莽代劉漢的篡逆行爲從而便獲得了合法性，成了順應天命的王朝更替。於是，王莽便大言不慚地聲稱「予只畏天命，敢不欽承」，彷彿他篡奪漢室政權是承天景命，不得已而爲之。顯而易見，王莽對民間驛

〔註128〕《漢書》卷二十七下之上《五行志》，北京：中華書局，1962年，第1476頁。
〔註129〕《漢書》卷八十四《翟方進傳》，北京：中華書局，1962年，第3432頁。
〔註130〕《漢書》卷九十八《元后傳》，北京：中華書局，1962年，第4033頁。

然爆發的西王母信仰運動的符瑞化解釋，其目的無非是爲其在政治上的篡逆行爲尋找神學理論依據。但是，在漢室政權的支持者眼中，這場席卷全國的西王母信仰運動非但不是所謂的祥瑞，反而是上天警示外戚干政的災異告遣。《漢書·五行志》記載：

> 是時帝祖母傅太后驕，與政事，故杜鄴對曰：「春秋災異，以指向爲言語。籌，所以紀數，民，陰，水類也。女以東流順走，而西行，反類逆上。象數度放溢，妄以相予，違忤民心之應也。西王母，婦人之稱，博弈，男子之事，於街巷阡陌，明離閨內，與疆外。臨事盤樂，炕陽之意。白髮，衰年之象，體尊性弱，難理易亂。門，人之所由，樞，其要也。居人之所由，制持其要也。其明甚著。今外家丁、傅並侍帷幄，布於列位，有罪惡者不坐辜罰，亡功能者畢受官爵。皇甫、三桓，詩人所刺，春秋所譏，亡以甚此。指象昭昭，以覺聖朝，奈何不應！」後哀帝崩，成帝母王太后臨朝，王莽爲的大司馬，誅滅丁、傅。一曰丁、傅所亂者小，此異乃王太后、莽之應云。〔註131〕

杜鄴的對策作於在建平四年「傳行西王母籌」運動剛剛興起之時。很明顯，杜鄴認爲西王母運動是上天對統治者的災異警示，其矛頭直指當時干政的丁、傅外戚集團。同樣作爲漢室政權的擁護者，《漢書》的作者班固以事後人的身份在《漢書》中補充說，「此異乃王太后、莽之應」，在反對外戚干政，維護漢室政權的正統性和合法性這一點上，他對這一事件的解釋與杜鄴並無二致。《漢書·息夫躬傳》云：「是後訛言詔籌，經歷郡國，天下騷動，恐必有非常之變。」雖然沒有把這場民間宗教運動跟具體的政治事件聯繫在一起，但也同樣把它看做是政治變亂的告遣警示。漢代精英階層之所以用災祥之說解釋哀帝時期爆發的這場聲勢浩大的民間西王母信仰運動，一方面是漢人以天人感應思想爲基礎解釋特異現象的思維慣性使然，另一方面也是以災祥解釋政治變故的漢代政治哲學傳統的延續，但是都沒有觸及到這場宗教運動的實質。

從西王母信仰的發展歷史來看，西漢中期西王母信仰就已流行開來，到西漢末期在民間醞釀出大規模的群眾性西王母信仰運動，是符合宗教發展的

〔註131〕《漢書》卷二十七下之上《五行志》，北京：中華書局，1962年，第1476～1477頁。

一般規律的。但是，這場演變爲民間騷亂的宗教運動在哀帝建平四年驟然爆發，不宜不加深究便大而無當地解釋爲宗教發展的一般規律。這場在短時期之內就引起了大規模騷亂的宗教運動的突然爆發，必有其特殊的促成因素。按照《漢書‧哀帝紀》的記載，這一年春季的旱災很可能是促成這場宗教運動的重要原因。據《漢書‧鮑宣傳》記載：「是時郡國地震，民訛言行籌。」〔註132〕這表明此次宗教騷亂和地震也有一定關聯。再則，由於外戚干政導致的政局混亂可能也加劇了民眾對現實的不安，從而成爲引發社會性騷動的助推力。通過《漢書》的記載我們可以看出，在這場崇拜西王母的民間宗教運動中，有許多組織化的宗教活動的因素，例如詔籌（稾或梜）、博具等象徵物，以及書符、咒語、儀式、祠廟、奇蹟、結社等等。但是，這場伴隨著由恐慌而導致的民眾騷亂的大規模群眾性宗教運動，卻在沒有任何跡象的情況下，在當年秋天便悄然而止。其發生、發展乃至消失的過程，與孔飛力描述的1768年因妖術大恐慌引起的「叫魂」事件極爲相似。〔註133〕因此，我們認爲漢哀帝建平四年這場驟然興起於民間的西王母信仰運動很可能是因爲在自然災難頻發，社會政治動盪的背景下，全社會彌漫著惶恐不安的情緒，受社會上流傳的關於西王母降臨的傳言及相關符咒等因素的影響而爆發的。隨著相關傳言的消失，這場引起社會騷亂的宗教運動也便悄然式微。

　　姜生認爲這場宗教運動反映的是西王母救世的宗教思想，〔註134〕巫鴻則更爲細緻地分析道：「災異（包括旱災）乃是上天警告和懲罰人類的方式……上天的懲罰是針對多行不義的姦佞和縱容他們的國君而發的，因此這種懲罰是合理的……但是對普通人而言，這種來自上天的懲罰卻必然被理解爲『非合理』的」，「這場群眾性運動實際上是『天命』論的這種矛盾帶來的，一般百姓不再寄希望於上天，而轉向另一個神祇……西王母如同佛教中的彌勒一樣，被看成是一位將要來到的『救世主』。她自己或是她的使者將降臨人間，救苦救難，伸張正義。」〔註135〕但是，從《漢書》的相關記載來看，只有精英階層對「傳行西王母詔籌」事件的解釋著眼於天命告譴論，直接記載該事

〔註132〕《漢書》卷七十二《王貢兩龔鮑傳》，北京：中華書局，1962年，第3091頁。
〔註133〕〔美〕孔飛力：《叫魂：1768年中國妖術大恐慌》，陳兼、劉昶譯，北京：三聯書店，2012年。
〔註134〕姜生：《原始道教之興起與兩漢社會秩序》，《中國社會科學》2000年第6期。
〔註135〕巫鴻：《武梁祠：中國古代畫像藝術的思想性》，柳揚、岑河譯，北京：三聯書店，2006年，第145～146頁。

件的文獻並不強調天命告遣。誠如前文所述，精英階層的解釋一方面受到他們所擁有的知識資源及其思維習慣的影響，另一方面還有其特定的政治意圖。因此，經由精英階層解釋過的西王母運動，必然帶有解釋者附加進去的觀念因素，不見得符合這場宗教運動的原始樣貌。相反，那些不帶有任何評判性語言的客觀記錄，則能更爲準確地反映這場宗教運動的眞實面目。

　　對哀帝四年爆發的西王母信仰運動的客觀記錄，主要出自《漢書》的《哀帝紀》、《天文志》、《五行志》。《天文志》記載，當時「有著天白氣，廣如一匹布，長十餘丈，西南行，讙如雷，西南行一刻而止，名曰天狗。傳曰：『言之不從，則有犬禍詩妖。』到其四年正月、二月、三月，民相驚動，讙嘩奔走……有曰從目人當來。」根據這條記錄，我們認爲當時流行的傳言中有末世論思想，「民驚走，……道中相過逢，多至千數，或被髮徒跣，或夜折關，或逾牆入，或乘車騎奔」，「或夜持火上屋，擊鼓號呼相驚恐」的社會恐慌正是由快速傳播的末世傳言引起的。儒家的天命告遣論的宗教意涵中並不包含末世思想，和末世論沒有關係。因此，我們認爲這場引發了社會恐慌和騷亂的群眾性西王母信仰運動和許多後世發生的民間宗教運動一樣，是由末世思想引起的。任何一種末世思想都會伴隨出現一位救世的神明，末世論的信仰者們相信這位偉大的救世神明會幫助人類度過劫運。在西漢末年這場民間宗教運動中，這位「救世主」就是西王母。不過，這位西王母並不像有些學者所說的那樣，是一位可親可愛的「幸福女仙」。〔註136〕據《五行志》記載，當時的西王母傳書曰：「母告百姓，佩此書者不死。不信我言，視門樞下，當有白髮。」由此可見，在這場運動中「西王母給予人的似是恐嚇式的保護多於溫柔呵護和利益」，〔註137〕在西王母身上還殘存著「刑神」的痕跡。

　　從「佩此書者不死」來看，在這場群眾性西王母信仰運動中，西王母給信眾的承諾是長生不死。而在此之前的傳說中，西王母的不死之藥只會賜給后羿那樣的英雄人物，並不會賜予普通人；求仙於西王母的也主要是居於社會上層的帝王貴族。由此可見，經過這場運動，西王母的世界已經開始向全民開放，長生不死的信仰已經從上層社會徹底貫徹普及到了民間社會，成爲一種全民性信仰。根據現有資料還可看出，除了可以護祐信眾，使其長生不死之外，西王母還被賦予了眾多其他的神性功能，她「不但能在日常生活中

〔註136〕信立祥：《漢代畫像石綜合研究》，北京：文物出版社，2000年，第147頁。
〔註137〕張倩儀：《魏晉南北朝昇天圖研究》，北京：商務印書館，2010年，第73頁。

賜福於人，而且還能在特殊情況下消災弭禍，救百姓於倒懸。由於被賦予了這些特質，西王母就遠遠不僅是長生不死的象徵：她進而變成了一個超驗的神祇和宗教崇拜的偶像。」〔註138〕

　　漢哀帝建平四年興起於民間的這場群眾性西王母信仰運動，可以說是西王母信仰發展史上的一個重要轉折點。在此之前，西王母信仰雖然已經和長生不死思想相融合，但是關於西王母信仰的記載並不多見，現有出土文物中直接和西王母信仰相關的材料也只有卜千秋墓葬壁畫一例；反映西王母崇拜的宗教儀式和宗教實踐活動雖然在當時有可能已經出現，可是還沒有明確的證據能證明這一點。退一步講，即使從漢武帝時期開始就已經出現了崇拜西王母的宗教信仰，但其影響力也較為有限。但是，在此之後，關於西王母信仰的記錄卻突然增多，西王母還被賦予了眾多的神性功能；與此同時，西王母還出現在諸如漢鏡、漢畫像磚、畫像石棺、墓室壁畫、買地券、碑石等漢代文物之中。在山東武梁祠的山牆畫像及其他一些東漢畫像石刻中，甚至還出現了稟或者椒等《五行志》所記載的西王母詔籌的象徵物。這些現象表明，自西漢末期以降，西王母信仰已經在民間社會普遍流行開來，西王母信仰已經從神話傳說正式演進為一種具有廣泛影響的宗教信仰。不過，值得注意的是：在兩漢時期，西王母信仰似乎更多地體現在人們對死後世界的想像中，西王母的世界似乎主要是作為人們祈望死後升仙的理想樂園而存在。

〔註138〕巫鴻：《武梁祠：中國古代畫像藝術的思想性》，楊柳、岑河譯，北京：三聯書店，2006年，第144頁。

第四章　西王母信仰與死後升仙思想

第一節　生命的歸宿

　　生與死的問題，可以說是人類所面臨的一個最迫切、最重大的問題，誠如錢穆先生所說，「這一問題，不僅是其他一切問題之開始，也將是其他一切問題之歸宿。」〔註 1〕儒家所謂「慎終追遠，民德歸厚」，恐怕也正是基於對這一終極性問題的思考。早在先秦時期，各家學派便已開始關注如何超越生死的問題，其中以儒、道兩家的觀點最具代表性。道家所謂的「齊生死」，實際上是一種自然主義的生命觀。在這種觀念的關照之下，個體生命融入自然大化之流，對死亡的恐懼也便消解於自然之中，從而在精神上實現了對生死的超越。《春秋左氏傳》所謂「太上有立德，其次有立功，其次有立言，雖久不廢，此之謂不朽」，〔註 2〕則可以說是一種人文主義的生命不朽觀。按照這種觀念，通過道德修養和建立世間功業，便可使個體生命在歷史和傳統中獲得意義，從而實現對生死的超越，克服由死亡帶來的生命焦慮感，使個體生命在歷史長河中獲得不朽。然而，這兩種生命觀倡導的都是對生死問題的精神性超越。對極個別具有反思能力和價值持守的精英階層人士而言，這種生命觀或許能起到安頓心靈的作用，但是對絕大多數人來講，則未免陳義過高。再則，這兩種生命觀關注的均是如何以主體的精神超越生死：或者以生命融

〔註 1〕 錢穆：《中國思想史》，香港：新亞書院，1962 年，第 2 頁。
〔註 2〕 《左傳》襄公二十四年，阮元校刻《十三經注疏》，北京：中華書局，1980 年，第 1979 頁。

入自然，消融生命的價值和意義，以此獲得面對生死時的恬淡與安適；或者以生命融入歷史與傳統，樹立生命的價值和意義，以此賦予個體生命以精神不朽的力量，從而實現生死超越。可是，二者卻都沒有對生命本身進行應有的思考。

　　通過提升主體精神來解決生與死的問題，固然有其積極的意義。然而，要從根本上解決生死問題，歸根究底還是宗教的使命。靈肉二元的生命觀，是人類歷史上最早出現的宗教觀念之一。肉體生命的隕落是人類所面臨的不可避免的殘酷命運，靈魂不死的觀念，則「是處於所有進化階段的人們中間普遍存在的一種信仰」。〔註3〕在重視宗法傳統的中國文化中，靈魂不死的觀念往往與族類生命鏈條的延綿不絕聯繫在一起，「只有融入到族類的群體生命之中，個體生命才有『死且不朽』的價值。」〔註4〕《左傳》成公三年記載楚王釋放晉國大將知罃之事云：

> 王送知罃，曰：「子其怨我乎？」對曰：「二國治戎，臣不才，不勝其任，以爲俘馘。執事不以釁鼓，使歸即戮，君之惠也。……以君之靈，纍臣得歸骨於晉，寡君之以爲戮，死且不朽。若從君之惠而免之，以賜君之外臣首，首其請於寡君，而以戮於宗，亦死且不朽。」〔註5〕

根據知罃對「死且不朽」的說法，作爲晉國人，獲釋回國後被晉國國君賜死，或者被自己的父親賜死於家族宗社，自己的生命都可以「死且不朽」。這個說法的潛臺詞似乎是，如果不能「歸骨於晉」，死在外國，就不能「死且不朽」，「所謂『死且不朽』的意思似乎是指死在自己的國、家，死後可以享祀，死後的精神魂魄可以與宗族祖先的精神魂魄在一起。」〔註6〕也就是說，個體的靈魂生命雖然可以不滅，但是只有融入家族生命鏈條之中才能眞正實現「不朽」。其實這個觀念正是中國人重視死後葉落歸根，最害怕客死異鄉成爲孤魂野鬼的思想根源。

〔註3〕　（英）弗雷澤：《永生的信仰和對死者的崇拜》，轉引自葉舒憲《英雄與太陽》，西安：陝西人民出版社，2005年，第217頁。

〔註4〕　李晟：《仙境信仰研究》，成都：巴蜀書社，2010年，第20頁。

〔註5〕　《春秋左傳正義》成公三年，阮元校刻《十三經注疏》，北京：中華書局，1980年，第1900頁。

〔註6〕　陳來：《古代思想文化的世界》，北京：三聯書店，2002年，第124頁。

　　雖然靈魂可以在家族生命鏈條中獲得「不朽」，但是按照宗法祭祀的觀念，靈魂在人死後並不能無限期存活。「王室祭祖不超過七代，而普通人僅祭祀父母和祖父母兩代。以此類推，新的一代將終止對最上一代的祭祀。但始祖除外，他作爲世系身份的集體象徵而被保留下來。這個系統顯然基於這樣的假設：過了一定的時間之後，亡靈逐漸分散爲原初的氣，並失去了他們的個體身份。」〔註7〕人畢竟是個體性的生命存在，通過死後將靈魂融入家族生命鏈條以獲得「不朽」，終究不能消解作爲個體的人對死亡的恐懼，也無法滿足人類對生命的執著。因此，在宗教的世界中追尋生命的最終歸宿，必然是謀求解決生死問題的根本旨歸。

　　在先秦時期，中國人雖然相信靈魂不滅，人死之後仍然可以歆享子孫的祭祀，但是在肉體死亡之後靈魂將歸於何方卻並不明確，《楚辭・招魂》云：

　　　魂兮歸來！東方不可以託些。長人千仞，惟魂是索些。十日代出，流金鑠石些。彼皆習之，魂往必釋些。歸來兮！不可以託些。魂兮歸來！南方不可以止些。雕題黑齒，得人肉以祀，以其骨爲醢些。蝮蛇蓁蓁，封狐千里些。雄虺九首，往來倏忽，吞人以益其心些。歸來兮！不可以久淫些。魂兮歸來！西方之害，流沙千里些。旋入雷淵，靡散而不可止些。幸而得脫，其外曠宇些。赤螘若象，玄蜂若壺些。五穀不生，藂菅是食些。其土爛人，求水無所得些。徬徉無所倚，廣大無所極些。歸來兮！恐自遺賊些。魂兮歸來！北方不可以止些。層冰峩峩，飛雪千里些。歸來兮！不可以久些。魂兮歸來！君無上天些。虎豹九關，啄害下人些。一夫九首，拔木九千些。豺狼從目，往來侁侁些。懸人以娭，投之深淵些。致命於帝，然後得瞑些。歸來！往恐危身些。魂兮歸來！君無下此幽都些。土伯九約，其角觺觺些。敦脄血拇，逐人駓駓些。參目虎首，其身若牛些。此皆甘人，歸來！恐自遺災些。魂兮歸來！入修門些。工祝招君，背行先些。秦篝齊縷，鄭綿絡些。招具該備，永嘯呼些。魂兮歸來！反故居些。〔註8〕

〔註7〕　余英時：《魂兮歸來——論佛教傳入以前中國靈魂與來世觀念的轉變》，李彤譯，載《東漢生死觀》附錄，上海：上海古籍出版社，2005年，第141～142頁。

〔註8〕　（宋）洪興祖：《楚辭補注》，北京：中華書局，1983年，第199～202頁。

根據《招魂》的描述，無論是東西南北四方，還是天上世界抑或地下的幽都，都不是靈魂的理想歸宿，飄散的靈魂應該回歸的地方是其生前生活的故居，也就是說靈魂需要回到家族宗祠才能得到安頓。由此可見，在先秦時期，中國的宗教信仰中還沒有一個明確的死後世界。

進入漢代以後，對生命的思考在先秦的基礎之上得到了進一步深化，對死後世界的設想也逐漸開始清晰起來。在漢人的觀念中，生命是由精神和肉體兩部分構成的，人死之後，二者會有不同的歸宿。《禮記・祭儀》曰：「眾生必死，死歸於土，此之謂鬼。骨肉斃於下，陰爲野土；其氣發揚於上，爲昭明。」〔註9〕《韓詩外傳》曰：「人死曰鬼，鬼者歸也。精氣歸於天，肉歸於土。」〔註10〕《淮南子・精神篇》云：「是故精神天之有也，而骨骸地之有也。」〔註11〕《論衡・論死篇》曰：「人死精神昇天，骨骸歸土。」〔註12〕漢代道經《太平經》亦云：「夫人死，魂神以歸天，骨肉以付地。」〔註13〕按照漢人的觀念，人死之後上陞於天的靈魂是一種精氣，但是漢人同時也認爲「死人有知，與生人無以異」，〔註14〕可見靈魂也是一種生命體。根據余英時先生的研究，脫離肉體的靈魂具有活人一般的意識，這一觀念其實早在商周時期的祭祀之中就已存在。〔註15〕1949年發現的陳家大山楚墓《人物龍鳳帛畫》（圖1），以及1973年湖南長沙子彈庫楚墓出土的《人物御龍帛畫》（圖2），即被一些學者認爲表現的是引魂昇天的思想。〔註16〕可見，在戰國時期肉體死亡後靈魂升入天界的信仰既已出現。降及秦漢，這一信仰得到進一步發展。據張倩儀的統計，在出土量爲數不多的西漢中、前期圖像文物中，表現死後昇天信仰的昇天圖就有六幅之多。〔註17〕

〔註9〕 《禮記・祭儀》，阮元校刻《十三經注疏》，北京：中華書局，1980年，第1595頁。

〔註10〕 （宋）李昉：《太平御覽》卷八百八十三《鬼神部三》引《韓詩外傳》，北京：中華書局，1960年，第3923頁。

〔註11〕 何寧：《淮南子集釋》，北京：中華書局，1998年，第504頁。

〔註12〕 黃暉：《論衡校釋》，北京：中華書局，1990年，第871頁。

〔註13〕 王明：《太平經校注》，北京：中華書局，1997年，第76頁。

〔註14〕 黃暉：《論衡校釋》，北京：中華書局，1990年，第962頁。

〔註15〕 余英時：《魂兮歸來——論佛教傳入以前中國靈魂與來世觀念的轉變》，李彤譯，載《東漢生死觀》附錄，上海：上海古籍出版社，2005年，第140頁。

〔註16〕 劉曉路：《中國帛畫研究50年》，《中國文化研究》1995年第4期。

〔註17〕 張倩儀：《魏晉南北朝昇天圖研究》，北京：商務印書館，2010年，第38頁。

圖1　湖南長沙陳家大山楚墓人物龍鳳帛畫

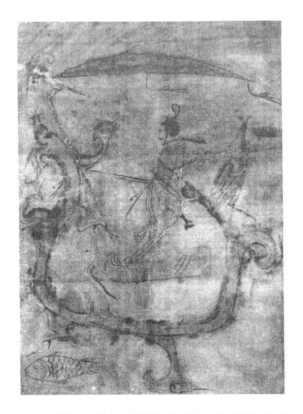

圖2　湖南長沙子彈庫楚墓人物御龍帛畫

　　李澤厚認為在漢代藝術作品中，天上諸神已「不再具有現實中的威嚇權勢」，「天上也充滿人間的快樂」，因而「人們要到天上去參與和分享神的快樂」。〔註18〕依據此說，昇天圖所表現的靈魂將要升入的天界應是一個完美的死後樂園。然而，在「天人感應」思想盛行的兩漢時代，「上天是一種有意識的存在，以天帝『太一』為首的人格化的諸神佔據著高高在上的天穹，以一副冰冷嚴酷的面孔統治著整個宇宙。它從不公開對凡世明確表態，而只用災異以暗示；它能降祥瑞於人間，而更多的是將災禍刑殺無情地加給下民。在這裡，人是被動的，永遠只能戰戰兢兢、誠惶誠恐地跪倒在地，可憐巴巴地祈求天帝和諸神的恩賜和原宥」。〔註19〕受「天人感應」思想之影響，在漢人的觀念中，天界實際上是一個令人敬畏的所在，並非可以寄慰靈魂的終極性樂園。西漢末年西王母信仰興起之後，昇天圖的數量銳減，並逐漸被升仙圖所取代，其實正是漢人「畏天」思想的反映。〔註20〕

　　漢人對死後世界的想像除了指向天上世界之外，同時還指向地下世界。在先秦時期便已出現了「黃泉」、「幽都」等概念，但是「黃泉」和「幽都」在當時還只是形象非常模糊的死後地下世界。進入漢代，地下世界的形象逐漸開始清晰起來。馬王堆三號墓出土的一塊告地策中寫道：「十二年二月乙巳朔戊辰。家丞奮移主贓（藏）郎中。移贓物一編。書到先選（撰）具奏主贓君。」〔註21〕根據這塊木牘的記載可以看出，地下的陰間世界也有一套模仿人間的官僚系統。類似的墓葬文書在已出土的漢魏墓葬中多有發現，可見在佛教傳入之前，中國人對地下世界的想像是以人間世界為模板而建構的。除了地下世界之外，漢人觀念中的死後世界還有泰山和蒿里，余英時先生曾對此做過深入研究。根據余英時先生的研究，掌管陰間世界的泰山府君的官

〔註18〕李澤厚：《美的歷程》，北京：文物出版社，1981年，第74頁。

〔註19〕信立祥：《漢代畫像石綜合研究》，北京：文物出版社，2000年，第62頁。

〔註20〕漢人對天界的這種認識對後世道教也產生了深遠影響，比如推崇地仙的彭祖就聲稱：「天上多尊官大神，新仙者位卑，所奉事者非一，但更勞苦。」所以他才寧願在人間作地仙也不願飛昇作天仙。《神仙傳》中的白石先生也表達了與彭祖相同的觀點。當彭祖問他「何以不服藥昇天乎」時，他回答說：「天上無復能樂於此間耶！但莫使老死耳。天上多有至尊相奉事，更苦人間耳。」參閱王明：《抱朴子內篇校釋·對俗》，中華書局，1985年，第52頁；胡守為：《神仙傳校釋》，北京：中華書局，2010年，第34頁。

〔註21〕《長沙馬王堆二、三號墓發掘簡報》，《文物》1974年第7期。

府，也是依照陽間的官僚機構設置的。〔註22〕由此可見，地下府君、地下丞、泰山府君等陰間官僚統治的死後世界與缺乏自由和幸福的陽世並無二致，並非人類生命的完美歸宿。因此，還必須尋找可以使生命徹底獲得自由和幸福的樂園，而漢代盛行的神仙思想恰恰為人們追尋完美的生命歸宿創造了契機。西漢中、後期以降，在神仙思想的影響下，漢人的宗教信仰中出現了一個由西王母統治的仙境，西王母的世界成為人們企望在死後能夠進入的美好樂園。由此，在漢代便出現了一種死後升仙的宗教信仰。這種全新的信仰雖然很少見諸載籍，但是，在近世出土的大量墓葬圖像中得到了充分而形象地展現。

第二節　死後升仙思想的產生

　　死後升仙思想可以說是仙境信仰在漢代的一種「變體」。這種在人死後可以進入的仙境信仰的出現，與宇宙論密切相關。就現存漢代的經典文本來看，漢代精英階層在宇宙論方面關注的焦點主要是宇宙的生成演化，卻並不措意於宇宙的結構和層次問題。比如董仲舒即認為：「元者為萬物之本，而人之元在焉。安在乎？在乎天地之前。」〔註23〕也就是說「元」是宇宙的本原，天地萬物由「元」為端首演化而來。《淮南子・天文篇》曰：「道始生虛，虛生宇宙，宇宙生氣，氣有涯垠，清陽者薄靡而為天，重濁者凝滯而為地。清妙之合專易，重濁之凝竭難，故天先成而地後定。天地之襲精為陰陽，陰陽之專精為四時，四時之散精為萬物，積陽之熱氣生火，火氣之精者為日，積陰之寒氣為水，水氣之精者為月，日月之淫精為星辰。」〔註24〕王充認為「天地不生，故不死」，〔註25〕因為天地不生不死，所以沒有本原。張衡把宇宙的演化過程分為溟涬、龐鴻、天元三個階段，〔註26〕《易緯乾鑿度》則分為太易、太初、太始、太素四個階段，曰：「有太易，有太初，有太始，有太素。太易者，未見氣也。太初者，氣之始也。太始者，形之始也。太素

〔註22〕余英時：《魂兮歸來——論佛教傳入以前中國靈魂與來世觀念的轉變》，李彤譯，載《東漢生死觀》附錄，上海：上海古籍出版社，2005年，第148～151頁。

〔註23〕（清）蘇輿：《春秋繁露義證》，北京：中華書局，1992年，第147頁。

〔註24〕何寧：《淮南子集釋》，北京：中華書局，1998年，第165～167頁。

〔註25〕黃暉：《論衡校釋》，北京：中華書局，1990年，第338頁。

〔註26〕（劉宋）范曄：《後漢書・天文志》注引張衡《靈憲》，北京：中華書局，1965年，第3216頁。

者，質之始也。氣形質具而未離，故曰渾淪。渾淪者，言萬物相渾成，而未相離。」〔註27〕類似的宇宙生成演化理論在漢人的論著中較爲常見。宇宙演化論並不關注宇宙的結構問題，宇宙中是否存在超越性的空間結構，在漢代精英階層的論著中很難找到答案。

正如葛兆光所說，「思想與學術，有時是一種精英知識分子操練的場地，它常常懸浮在社會和生活上面，眞正的思想，也許要說是眞正在生活和社會支配人們對宇宙的解釋的那些知識與思想，它並不全在精英和經典中」。〔註28〕在漢代精英階層製造的經典文本中，的確很難找到超越性空間結構存在的痕跡。但是，在主流思想之外的小傳統中流傳的文本裏，卻不乏對超越性空間結構的信仰以及與之相關的記載。比如大約在西漢後期既已出現，並在民間流傳過程中不斷被增益的《太平經》中，就有大量關於天上及地下世界的記載：

> 地下得新死之人，悉問其生時所爲所更，以是生時可爲定名籍，因其事而責之。

> 太陰法曹，計所承負，除算減年。算盡之後，召地陰神，並召土府，收其形骸，考其魂神。當具上簿書，相應不應，主者爲奸私，罰謫隨考者輕重，各簿文非天所使，鬼神精物，不得病人。輒有因自相檢飭，自相發舉。有過高至死，上下謫作河梁山海，各隨法輕重，各如其事，勿有失脱。各有府縣郵亭主者長史，察之如法，勿枉天剋鬼神精物。

> 天有生籍，亦可貪也。地有死籍，亦甚可惡也。

> 今天上有官舍郵亭以候舍等，地上有官舍郵亭以候舍等，八表中央皆有之。天上官舍，舍神仙人。地上官舍，舍聖賢人。地下官舍，舍太陰善神善鬼。八表遠近名山大川，以舍天地間精神人仙未能上天者。〔註29〕

〔註27〕〔日〕安居香山、中村彰八輯：《緯書集成》，石家莊：河北人出版社，1994年，第11頁。

〔註28〕葛兆光：《中國思想史》（第一卷），上海：復旦大學出版社，1998年，第12頁。

〔註29〕王明：《太平經校注》，北京：中華書局，1997年，第72～73、579、602、698頁。

圖 3　湖南長沙馬王堆一號漢墓 T 形帛畫摹本

《太平經》所描述的天上或地下世界，顯然是人間官僚系統在超越性空間結構中的翻版。《老子想爾注》中把天上的機構稱作「天曹」，〔註30〕反映的其實也是和《太平經》相同的觀念。由於得以傳世的文獻以佔據文化主流地位的精英階層創造的經典文本為主，所以在現存漢代文獻中，反映此類觀念的記載並不多見。但是根據近世出土的大量漢代文書和圖像資料可以看出，關於天上和地下存在超越性空間的信仰在漢代非常流行。以長沙馬王堆一號漢墓出土的那幅被認為是用來招魂的 T 形彩繪帛畫為例（圖3），畫面所呈現的宇宙圖式被分為上、中、下三個部分，〔註31〕從上到下描繪了天堂、人世和陰間。天堂的景象包括太陽、月亮。太陽裏有一隻金烏，月亮裏有一隻蟾蜍。陰間的圖景中有不同的水生動物，象徵著一個海底宮殿，人間的畫面則描繪了日常生活的場景和墓主的肖像。由此可見，先秦時期天上、黃泉、幽都等還非常模糊的死後世界的景象，在漢人的宗教觀念中已經非常清晰了。但是，根據漢人對這些超驗世界的認識，無論是天上還是地下，似乎都不是能夠賦予生命以徹底的自由和幸福的樂園。因此，為生命重新尋找一個完美的歸宿，成為漢人最迫切的宗教需求。而這一時期盛行的神仙思想恰恰適應了漢人的這一需求，從而在漢人的宗教信仰中構建出了一個全新的死後世界，即死後可以升入的仙境。

神仙思想在戰國中期既已出現，戰國秦漢典籍中記載的那些不死之地或不死之國可以說就是仙境最早的雛形。早期仙境大體可以分為兩種類型：一種是具有長生不死的生命特徵的遠方異種人類生活的世界，一種是神仙生活的世界。〔註32〕前者多見於《山海經》、《楚辭》、《呂氏春秋》、《淮南子》等典籍記載，如：

> 《海外南經》：不死民在其東，其為人色黑，壽，不死。
>
> 《大荒南經》：有不死之國，阿姓，甘木是食。〔註33〕

〔註30〕 饒宗頤：《老子想爾注校箋》，香港：蘇記書莊，1956年，第602、605頁。

〔註31〕 學術界通常把這幅帛畫所反映的宇宙結構分為三個層次，巫鴻則認為應該分為四層。參閱葛兆光：《中國思想史》第一卷，上海：復旦大學出版社，1998年，第329頁；巫鴻：《禮儀中的美術——馬王堆再思》，見氏著《禮儀中的美術——巫鴻中國古代美術史文編》，鄭岩等譯，北京：三聯書店，2005年，第107頁。

〔註32〕 李晟：《仙境信仰研究》，成都：巴蜀書社，2010年，第42頁。

〔註33〕 袁珂：《山海經校注》，上海：上海古籍出版社，1980年，第196、370頁。

《楚辭・遠遊》：仍羽人於丹丘，留不死之舊鄉。〔註34〕

《呂氏春秋・慎行論・求人篇》：（禹）南至交趾、孫樸、續樠
之國，丹粟、漆樹、沸水、漂漂、九陽之山，羽民、裸民之處，不
死之鄉。〔註35〕

《淮南子・時則篇》：三危之國，石室金城，飲氣之民，不死
之野。〔註36〕

後者則是作爲神仙所居之處的眞正意義上的仙境，最早的記載應該出自《莊
子・逍遙遊》所謂「邈姑射之山有神人居焉」的姑射山，〔註37〕《海內北經》
所載「列姑射在海河州中」的姑射山，〔註38〕恐怕也是指此山。不過，最著
名的神仙世界還要數崑崙和蓬萊。崑崙爲神仙居所的記載始見於《山海經》。
《海內西經》云：「海內崑崙之虛，在西北，帝之下都。崑崙之虛，方八百里，
高萬仞。上有喬木，長五尋，大五圍。面有九井，以玉爲檻。面有九門，門
有開明獸守之，百神之所在。在八隅之岩，赤水之際，非仁羿不能上岡之岩。」
〔註39〕《淮南子・墜形篇》推衍此說，曰：「崑崙之丘，或上倍之，是謂涼風
之山，登之不死。」〔註40〕關於蓬萊仙境最著名的記載出自《史記》。《史記・
封禪書》曰：「蓬萊、方丈、瀛洲，此三神山者，其傳在渤海中……諸仙人及
不死藥在焉。其物禽獸盡白，而黃金銀爲宮闕，未至，望之如雲。」〔註41〕
《史記》「三神山」說經過可能是晚出文獻的《列子》的增飾，變得更加離奇
瑰瑋：

渤海之東有大壑焉，名曰歸墟。其中有五山焉：一曰岱輿，一
曰員嶠，一曰方壺，一曰瀛洲，一曰蓬萊。其山高下周旋三萬里，
其頂平處九千里，山之間相去七萬里，以爲鄰居焉。其上臺觀皆金
玉，其上禽獸皆純縞。珠玕之樹皆叢生，華實皆有滋味，食之不老
不死。所居皆仙聖之種，一日一夕飛相往還者不可數焉。常隨潮波

〔註34〕（宋）洪興祖：《楚辭補注》，北京：中華書局，1983年，第167頁。

〔註35〕陳奇猷：《呂氏春秋新校釋》，上海：上海古籍出版社，2001年，第1524頁。

〔註36〕何寧：《淮南子集釋》，北京：中華書局，1998年，第435頁。

〔註37〕（清）郭慶藩：《莊子集釋》，北京：中華書局，1961年，第28頁。

〔註38〕袁珂：《山海經校注》，上海：上海古籍出版社，1980年，第321頁。

〔註39〕袁珂：《山海經校注》，上海：上海古籍出版社，1980年，第296頁。

〔註40〕何寧：《淮南子集釋》，北京：中華書局，1998年，第328頁。

〔註41〕《史記》卷二十八《封禪書》，北京：中華書局，1959年，第1369～1370頁。

上下往還，不得暫峙焉。仙聖毒之，訴之於帝。帝恐流於西極，失
群仙聖之居，乃命禺彊使巨鼇十五，舉首而戴之，迭為三番，六萬
歲一交焉，五山始峙而不動。而龍伯之國有大人，舉足不盈數步而
暨五山之所，一釣而連六鼇，合負而趣，歸其國，灼其骨以數焉。
於是岱輿、員嶠二山流於北極，沉於大海，仙聖之播遷者巨億計。
帝憑怒，侵減龍伯之國使阨，侵小龍伯之民使短，至伏羲神農時，
其國人猶數十丈。〔註42〕

考察相關文獻可以發現，早期的仙境雖然也屬於神仙之境，但卻都坐落在與
人類所居之地在空間上同構的遐荒絕域之中；雖然仙境也具有超越性空間結
構的某些特徵，但卻缺乏作為宗教崇拜對象的神聖性。其實這種對神仙世界
的認識在更早的時代就已出現。張光直在研究商周神話時就曾發現，「商人的
宇宙觀裏，神的世界與人的世界基本上是和諧的，甚至於在若干方面是重疊、
相符的」。〔註43〕也許正是由於早期的仙境缺乏神聖性，儘管仙境顯得神異離
奇，卻只能引起了人們對遠方世界的好奇心，未能激發出人們的宗教熱情，
成為人們崇拜的對象。即使是沉溺於海上求仙的秦皇漢武，其尋訪仙境的目
的也只是希望從海上仙山得到長生不死之藥，而不是把仙境作為崇拜對象，
並企慕能夠進入仙境成為神仙。但是，隨著西漢中期以後，神仙思想從上層
社會逐漸滲透到下層社會，並在民間產生了廣泛影響之後，這種情況漸漸發
生了變化。

　　神仙思想雖然最晚在戰國中期就已出現，但是其產生巨大影響則是在戰
國秦漢之際。蒲慕州先生曾指出：「在戰國到秦漢的轉變時代中，對人死之後
的命運以及靈魂的觀念有了進一步的發展，這就是不死的觀念以及人可以達
到不死的境界的可能性。人不但要求能夠靈魂不滅，更進一步要求軀體也可
以長存，如此也就可以避免面對一個黑暗的死後世界。」根據蒲慕州對秦簡
《日書》的研究可知，在當時社會中下層的信仰中，似乎還看不到神仙思想
的影響，〔註44〕神仙思想在當時主要流行於上層社會。但是自漢武帝時期開
始，神仙思想逐漸向中、下層社會擴散，對社會各階層都產生了廣泛的影響，

〔註42〕楊伯峻：《列子集釋》，北京：中華書局，1979年，第151～155頁。
〔註43〕張光直：《中國青銅時代》，北京：三聯書店，1999年，第179頁。
〔註44〕蒲慕州：《追尋一己之福：中國古代的信仰世界》，上海：上海古籍出版社，
　　　　第167、169頁。

這一點在《新書》、《淮南子》、《論衡》、《列仙傳》〔註45〕、《史記》、《漢書》等大量漢代文獻以及銅鏡、墓葬圖像、墓葬文書等大量漢代出土文物中都能得到印證。隨著漢帝國的西向拓土，漢武帝所追尋的仙境的方位也逐漸由東方轉向西方，漢人信仰的神仙世界也主要指向西方世界的崑崙山與西王母。在西漢後期的哀帝時代，終於醞釀出了以西王母救世及長生不死爲主要訴求的席卷全國大多數地區的民間宗教運動。

　　隨著仙境信仰的流行，漢人的宇宙觀也逐漸發生了變化，一種全新的宇宙觀在西漢晚期逐漸被確立起來。這種全新的宇宙觀在傳世的漢代文獻中並沒有明確記載，卻在漢代墓葬圖像中得到了充分體現。信立祥通過對漢代祠堂畫像石的研究發現，「當時的人們把一座小小的祠堂看成一個完整的宇宙空間，這個無所不包的一種空間又劃分爲三個世界，即天上世界、仙人世界、人間現實世界」。〔註46〕在另一部專著中他進一步指出：「漢代人認爲，全部宇宙世界是由從高到低的四個部分構成的。首先是天上世界，這是一個由作爲一種宇宙最高存在的上帝和諸多人格化的自然神組成和居住的諸神世界。其次是西王母居住的崑崙山所代表的仙人世界。第三個宇宙層次是現實的人

〔註45〕學術界對《列仙傳》的著作權和產生時代向來有很大爭議。《列仙傳》，《漢志》未錄，最先提到此書的是東漢人。王逸的《楚辭・天問》注和應劭的《漢書音義》都曾徵引《列仙傳》，但均不云撰人。最早稱此書是劉向作品的是東晉的葛洪。《隋書・經籍志》正式題作劉向撰，《兩唐志》等書均從《隋志》之說。從宋代起有人開始懷疑此書的作者和產生時代。陳振孫首開「疑古」之先端，《直齋書錄解題》卷十二質疑此書「似非向本書，西漢人文章不爾也。」此後，對《列仙傳》的爭議越來越多。《列仙傳》的作者和產生年代雖然眾說紛紜，但是大體上又可分爲兩種立場：其一認爲此書係六朝人僞作，此一說法過去影響較大，胡應麟、紀曉嵐等人是持這一觀點的代表人物。站在另一立場的學者通常不太重視此書作者是否是劉向，但是都承認此書是漢代的作品，反映的是漢代的思想文化觀念。如楊守敬認爲此書是東漢人所作，施舟人認爲實際上是公元 2 世紀的作品，李劍國先生經過縝密細緻的考證，甚至推測該書是劉向晚年的作品。對此書的產生年代，筆者較同意第二種觀點，即認爲《列仙傳》是漢代的作品而非六朝的作品，它反映的是漢人所特有的宗教思想觀念。請參閱陳振孫《直齋書錄解題》卷十二，上海古籍出版社 1987年，第 345 頁；《四庫全書總目》子部道家類卷一四六，中華書局 1965 年，第 1248 頁；胡應麟《少室山房筆叢》卷三十二，上海書店出版社 2001 年，第 318 頁；楊守敬《日本訪書志》卷六，遼寧教育出版社 2003 年，第 101 頁；施舟人《中國文化基因庫》，北京大學出版社 2002 年，第 79 頁；李劍國《唐前志怪小說史》，南開大學出版社 1984 年，第 187～193 頁。

〔註46〕信立祥：《論漢代的墓上祠堂及其畫像》，《中國歷史博物館考古部論文集》，北京：科學出版社，2000 年，第 198 頁。

間世界，而第四個宇宙層次是地下的鬼魂世界。」﹝註47﹞巫鴻在研究山東武梁祠畫像石時也得出了與信立祥相似的觀點，認爲武梁祠畫像反映的宇宙結構是由天界、人間和仙界或天堂三個層次組成，祠堂頂部是天上世界，兩側山牆是仙人世界，其餘部分是人間世界（圖4）。﹝註48﹞通過漢代墓葬圖像所反映的宇宙結構可以看出，仙境作爲一個全新的超越性空間存在，已經正式進入漢人的信仰世界之中。通過圖像所表現的墓主升仙的主題也可看出，西王母居住的仙境在當時已獲得了神聖性，成爲人們崇拜的對象。

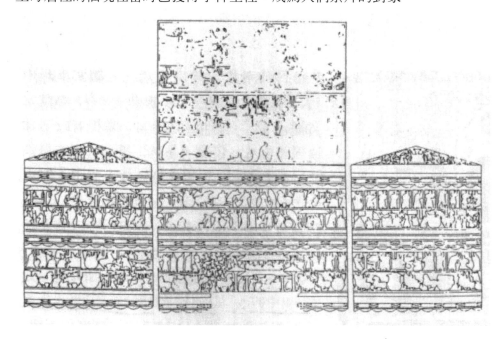

圖4　武梁祠整體結構圖

　　神仙思想的根本主旨是追求長生不死。長生和死亡本是一對極爲對立的概念，借助神仙思想構建一個死後的仙境，看似是自相矛盾的事情。但是我們要知道，在現實世界之中，沒有任何神仙思想的信仰者能夠突破生死大限，實現長生不死。因而，倡導突破死亡以獲得肉體長生的神仙思想，被轉而用來解決肉體死亡之後生命的歸宿問題，似乎也是順理成章的事情。靈魂不滅的觀念由來已久，在漢代，「視死亡爲此世生命的終點，但相信生命甚至在死

﹝註47﹞信立祥：《漢代畫像石綜合研究》，北京：文物出版社，2000年，第60頁。
﹝註48﹞巫鴻：《漢代藝術中的「天堂」圖像和「天堂」觀念》，《禮儀中的美術——巫鴻中國古代美術史文編》，鄭岩等譯，北京：三聯書店，2005年，第252頁。

後會繼續延續」的生命觀仍然深入人心。〔註 49〕肉體死亡後，靈魂將會繼續
在一個超越性的空間中延續。但是，在當時觀念中，無論是天上的世界還是
地下的世界，都跟充滿了束縛的人間沒有區別；而神仙思想中所描繪的由西
王母統治的仙境，則完全沒有天上世界和地下世界中的官僚體系，也沒有令
人窒息的等級制度和令人望而生畏的神聖威嚴。只有西王母的世界才能賦予
生命以完全的自由和幸福，才是生命最完美的歸宿。因而，「對於一般人而言，
不死升仙固然是一大誘惑，但是人們也同時將希望放在死後世界之中，既然
成仙的希望不是人人可以達到的，人所能做的只有用比較正面的態度去想像
一個死後世界，而喪葬之禮則是表現此希望的具體方式」。〔註 50〕由此，借助
墓葬圖像構建死後仙境的場景，通過象徵來表達對死後仙境的信仰，成爲在
漢代非常盛行的一種宗教信仰形式。

　　死後升仙的仙境信仰，是由戰國以來日益盛行的神仙思想引發出的一種
全新的宗教觀念，它其實是仙境信仰在漢代的一種特殊「變體」。因此，死後
升仙信仰不僅關注靈魂的歸宿，而且仍然保持著神仙思想重視肉體的傳統，
注重對屍體的保護。在河北滿城發掘的漢墓中，墓主身穿金縷玉衣，九竅中
充塞玉塞（圖 5），就反映了「金玉在九竅，則死人爲之不朽」〔註 51〕的以玉
護屍的觀念。不過漢代墓葬中，更多是以圖像的形式表達保護屍體的觀念，
比如長沙馬王堆一號漢墓出土的四重木棺的第二層就繪有眾多保護者的形象
（圖 6）；四川省蘆山縣王暉石棺畫像則按照方位繪有青龍、白虎、朱雀、玄
武等四靈形象（圖 7），表達的都是以神異動物保護死者屍體的觀念。馬王堆
木棺的第三層繪有崑崙、神鹿、龍等代表仙境的圖像；王暉石棺的左側繪有
仙人、神獸、樹木、車馬，右側繪有天倉、雙闕以及「天門」題榜。這些圖
像都表達了墓主死後升仙的宗教觀念。可見通過明器或者圖像保護死者屍體
的行爲，除了表達希望墓主的靈魂在死後能夠升入仙境的願望之外，也包含
著希望死者的肉體也能升入仙境的願望，這種觀念和道教的尸解思想也不無
相似之處。〔註 52〕

〔註 49〕余英時：《東漢生死觀》，侯旭東譯，上海：上海古籍出版社，2005 年，第 78 頁。

〔註 50〕蒲慕州：《追尋一己之福：中國古代的信仰世界》，上海：上海古籍出版社，
　　　　第 176 頁。

〔註 51〕王明：《抱朴子內篇校釋》，北京：中華書局，1985 年，第 51 頁。

〔註 52〕關於死後升仙信仰和道教尸解思想之間的關係，可參看李晟：《仙境信仰研
　　　　究》，成都：巴蜀書社，2010 年，第 69～72 頁。

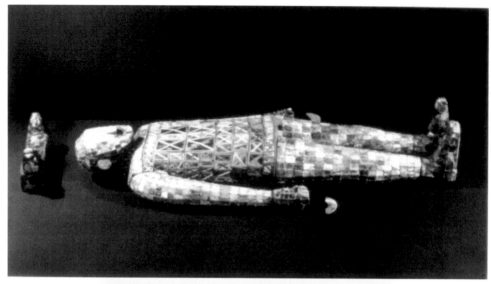

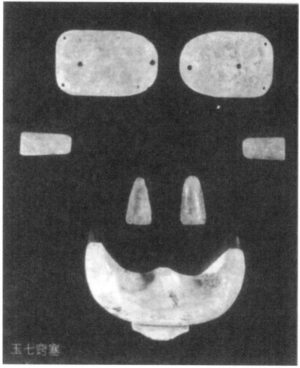

圖 5 　河北滿城漢墓金縷玉衣和玉塞

圖 6　湖南長沙馬王堆一號漢墓第二重棺上的保護者形象

圖 7-a　四川省蘆山縣王暉石棺畫像（蘆山王暉石棺青龍畫像）

圖 7-b　四川省蘆山縣王暉石棺畫像（蘆山王暉石棺白虎畫像）

圖 7-c　四川省蘆山縣王暉石棺畫像（蘆山王暉石棺玄武畫像）

圖 7-d　四川省蘆山縣王暉石棺畫像（蘆山王暉石棺前柱畫像）

第三節　西王母的世界：墓葬圖像中的仙境

　　在戰國至秦漢的轉變時代，隨著神仙思想的日益流行，漢人生命觀出現了重要變化，相信人可以長生不死或者死後升仙的觀念逐漸被人們接受。與之相應，一種新的建築材料——石頭——被漢人「發現」，並廣泛應用於墓葬建築藝術之中。製造宗教性器物和建築的質材並非單純的客觀材料，其本身往往蘊涵著特殊的宗教象徵意義，商周時期的祭器或禮器普遍使用玉和青銅

（吉金）爲質材，即其顯著例證。〔註53〕石材所具有的堅硬、耐久、不朽等天然特性，在漢人的觀念中獲得了與生命不朽相聯繫的象徵意義。於是，石材開始被大規模使用。巫鴻先生曾指出：

> 石頭的所有自然屬性——堅硬、素樸，尤其是堅實耐久——使其與「永恆」的概念相連；木頭則因其脆弱易損的性質而與「暫時」的概念相關。從這種差異中產生出兩類建築：木構建築供生者之用，石質建築則屬於神祇、仙人和死者。石材一方面與死亡有關，另一方面又與不朽和升仙聯繫。死亡、升仙與石材的共同聯繫又強化了這二者之間的連接。我們發現死亡和升仙的連接在公元前 2～公元前 1 世紀時最終在人們的宗教觀念中確立，爲以圖像和建築表現來世提供了一個新的基礎，也與喪葬藝術和建築的許多變化——包括對石頭的使用——密切相關。〔註54〕

誠如巫鴻所論，石材的象徵意義指向靈性的世界，因此，石材主要被應用於墓葬建築之中，而兩漢時代的厚葬之風又進一步助長了建造石質墓葬的風氣。兩漢王朝推崇孝道，倡導以孝治天下。受政府主導的價值觀之影響，追求「孝名」亦成爲一種社會風尚。父母生時所盡之孝行，存於生活細微末節之中，不易爲人所知，亦不易博取「孝名」；而在父母身後爲其建造豪華的墓葬，則易於爲人所知，亦易於達到揚「孝名」於天下的目的，故而厚葬之風盛行一時。通過建造豪華的墓地彰顯孝心，固然有其宗教關懷的成分，但也難逃「僞孝」的嫌疑。漢代思想家對此多有批駁之辭：

> 今生不能致其愛敬，死以奢侈相高，雖無哀戚之心，而厚葬重幣者，則稱以爲孝，顯名立於世，光榮著於俗。（《鹽鐵論・散不足篇》）〔註55〕

> 閔死獨葬，魂孤無副，丘墓閉藏，穀物乏匱，故作偶人以侍屍柩，多藏食物以歆精魂。積浸流至，或破家盡業，以充死棺；殺人以殉葬，以快生意。非知其內無益，而奢侈之心外相慕也。（《論衡・

〔註53〕參閱張光直：《中國青銅時代》，北京：三聯書店，1999 年，第 476～480 頁；巫鴻：《東夷藝術中的鳥圖像》，《禮儀中的美術——巫鴻中國古代美術史文編》，鄭岩等譯，北京：三聯書店，2005 年，第 14 頁。

〔註54〕巫鴻：《中國古代藝術與建築中的「紀念碑性」》，李清泉、鄭岩等譯，上海：上海人民出版社，2009 年，第 155 頁。

〔註55〕王利器：《鹽鐵論校注》，北京：中華書局，1992 年，第 354 頁。

薄葬篇》〕〔註56〕

> 生不極養，死乃崇喪，或至刻金鏤玉，檽梓楩柟，良家造塋，
> 黃壤致藏，多埋珍寶，偶人車馬，造起大冢，廣種松柏，廬舍祠堂，
> 崇侈上僭。(《潛夫論・淫侈》)〔註57〕

王充等人批評的這種現象，在後世發現的漢代墓葬及墓上祠堂中都能得到印證。如山東嘉祥縣宋山三號墓發現的《安國祠堂題記》云：「以其餘財，造立此堂，募使名工……作治連月，功扶無亟，賈錢二萬七千。」(圖 8)根據邢義田對相關碑闕和祠堂題記的研究可知，這種現象在當時非常普遍，如山東嘉祥武氏祠石闕值錢十五萬，石獅子值錢四萬；莒南孫氏石闕值錢一萬五千，南武陽功曹闕值錢四萬五千，永元八年祠堂值錢十萬，文叔陽祠堂值錢一萬七千，薌他君祠堂值錢二萬五千。碑闕和祠堂題記中常常不厭其煩地記錄用錢若干萬千，無非是出於一種誇耀的心理。〔註58〕雖然漢人建造石質墓葬夾雜著現實功利目的，但是卻為我們研究當時的宗教觀念提供了寶貴的資料。

圖8　山東嘉祥宋山三號墓安國祠堂題記

〔註56〕黃暉：《論衡校釋》，北京：中華書局，1990 年，第 961 頁。
〔註57〕(清)汪繼培：《潛夫論箋校正》，北京：中華書局，1997 年，第 137 頁。
〔註58〕邢義田：《畫為心聲：畫像石、畫像磚與壁畫》，北京：中華書局，2012 年，第 53 頁。

　　根據前引巫鴻之說，漢人選擇石頭作爲營造墓葬的材料，是因爲石頭和不朽、升仙之間有一種以相似性爲連接點的聯繫。因爲石頭蘊涵著不朽、升仙等象徵意義，所以用石頭爲質材建造墓葬最適合表達漢人新創的死後升仙的生命觀。不過，能夠最直接地表達這種觀念的還要數那些鐫刻或繪製在石頭上的墓葬圖像。墓葬中的這些圖像形成了一個模擬神仙世界的符號象徵系統，正是這些具有「象徵潛力」〔註59〕的圖像，使墓葬獲得了超越性的宗教意義，使死後升仙獲得了「可能性」。以今人美術史的眼光來看，這些圖像無疑是精美絕倫的漢人藝術作品，但是在當時人的觀念中，「象徵和象徵所模擬的事物或現象之間有某種神秘的關係，於是那些畫像圖像類的東西可能並不只是一種單純的藝術品，而有某種神秘的實用意味」。〔註60〕由此亦可見，此類藝術創作並非爲藝術而藝術，宗教功能才是其最重要的、甚至是唯一的訴求，此時的藝術創作並不具有自身的獨立性。〔註61〕其實，漢人在墓葬藝術中以象徵符號模擬仙境的做法，亦淵源有自，早期文獻中就不乏相關記載。其中，《史記‧封禪書》所載漢武帝出於求仙目的在太液池中擬建海上仙山，就是最典型的例證：

　　　　於是作建章宮，度爲千門萬户。前殿度高未央。其東則鳳闕，高二十餘丈。其西則唐中，數十里虎圈。其北治大池，漸臺高二十餘丈，命曰太液池，中有蓬萊、方丈、瀛洲、壺梁，象海中神山龜魚之屬。〔註62〕

〔註59〕〔英〕貢布里希：《秩序感》，楊思梁、徐一維譯，杭州：浙江攝影出版社，1987年，第419頁。

〔註60〕葛兆光：《中國思想史》（第一卷），上海：復旦大學出版社，1998年，第328頁。

〔註61〕劉宗超：《漢代造型藝術及其精神》，北京：人民出版社，2006年，第2頁。

〔註62〕《史記》卷二十八《封禪書》，北京：中華書局，1959年，第1402頁。漢武帝擬建海上仙山的做法還對漢字文化圈周邊國家產生了影響。據韓國古籍《三國史記》和《東國通鑒》記載，百濟武王曾於宮城之南鑿池擬建海上仙山；據《筆苑雜談》記載，新羅人崔致遠曾在伽倻山海印寺擬建海上三神山；據《新增東國輿地勝覽》記載，高麗毅宗也曾擬建仙山。參閱〔高麗〕金富軾：《三國史記》卷二十七《百濟本紀第五》，首爾：景仁文化社，1973年，第199頁；〔朝鮮王朝〕徐居正：《東國通鑒》卷六《三國紀》，首爾：景仁文化社，1974年，第147頁；徐居正：《筆苑雜記》卷一，《大東野乘》第1冊，首爾：民族文化推進會，1967年，第669頁；〔朝鮮王朝〕盧思慎：《新增東國輿地勝覽》卷五開城府下「太平亭」條，平壤：朝鮮科學院出版社，1959年，第165頁。

漢人的宗教信仰其實極其蕪雜，雜糅著多種信仰元素，仙境信仰只不過是眾多元素中的一種。因此，漢代墓葬圖像所反映的內容也同樣複雜多樣，包含著生產生活、人物故事、祥瑞神話、天上世界、神仙世界等眾多題材。不過，多數圖像都與死後升仙的喪葬觀念有著或明或暗的聯繫。羅二虎根據石棺畫像所反映的喪葬觀念，把漢代石棺畫像分為升仙和驅鬼鎮墓兩大類型，甚至認為荊軻刺秦、伏羲女媧等圖像也與升仙觀念有關；鎮墓畫像因為具有保護屍體的功能，因而也反映的是升仙的觀念。〔註63〕此說雖有過分誇大升仙信仰的傾向，但是死後升仙是漢代墓葬畫像所表達的最重要的宗教觀念之一，則是不爭的事實。

漢人死後升仙的生命觀是受神仙思想激發而出的一種全新宗教觀念。如前文所述，從戰國中、後期就已流行於上層社會的神仙思想，在漢武帝時期開始向全社會擴散，並逐漸被各個階層的人士所接受。自漢武帝統治後期，漢人的求仙方向自東徂西，轉向西方世界，仙人世界最終被定格於以崑崙山為代表的西方仙山。隨著自西漢中、後期興起的那場被信立祥稱作「群眾性造仙運動」的宗教運動的發展，原始傳說中原本帶有冷酷性格的西方神祇西王母，逐漸變身為具有長生不老的神性和人的身體的仙人，並成為仙境的主宰，〔註64〕西王母統治的仙境也成為人類生命最理想的歸宿。在近世出土的大量墓葬圖像中，就有許多生動形象地反映死後升仙進入西王母世界的圖像，比如，四川南溪縣出土的一具畫像石棺的側面，以類似連環畫的形式表現了死後進入西王母仙境的全過程（圖9）。畫像以一道石門為界分為兩個部分，在畫像的右半部分，一男一女執手相別，男女兩邊各有一捧物童子，再向左依次是青鳥、神鹿和執節方士，等待著導引亡者進入西王母的世界；半開的石門中有一個露出半個身體的仙童在迎接亡者的到來；石門的左側，即畫像的左半部分，畫著一男一女中的女性在朝觀坐在龍虎座上的西王母，象徵著亡者已順利進入了仙境。上世紀90年代，重慶巫山縣出土了一組鎏金銅牌棺飾，銅牌上都繪有雙闕圖像，闕上多有天門題榜，類似的銅牌棺飾在甘肅武都出土的東漢墓葬中也有發現（圖10）。趙殿增通過對這些棺飾和另外一些畫像磚（石）的研究發現，漢代墓葬畫像「反映的是兩種並存又互相聯繫

〔註63〕羅二虎：《漢代畫像石棺研究》，《川大史學》（考古卷），成都：四川大學出版社，2006年，第429～438頁。

〔註64〕信立祥：《漢代畫像石綜合研究》，北京：文物出版社，2000年，第143頁。

的情景。一是以西王母爲主神，有仙人生活、神靈守護的『天國』景象，二是送迎墓主昇天門，宴飲舞樂，並在天上過著美好生活這樣一種『昇天成仙』的過程」。〔註65〕

圖 9　四川南溪縣東漢墓出土畫像石棺側面升仙圖

圖 10a　重慶巫山漢墓出土鎏金天門銅牌棺飾

圖 10b　甘肅武都漢墓出土鎏金天門銅牌棺飾

　　在漢人的宗教觀念中，西王母統治的仙境才是生命最理想的歸宿，只有在西王母的世界，生命才可以獲得徹底的自由與幸福，並實現長生成仙。但是，傳世漢代文獻中關於西王母仙境的描述並不多見，而漢代墓葬圖像則以

〔註65〕趙殿增、袁曙光：《「天門考」──兼論四川漢畫像磚（石）的組合與主題》，《四川文物》1990 年第 6 期。關於巫山縣銅牌棺飾的研究，還可參閱叢德新、羅志宏：《重慶巫山縣東漢鎏金銅牌棺飾的發現與研究》，《考古》1998 年第 12 期；張勳燎：《重慶、甘肅和四川東漢墓出土的中西王母天門圖像材料與道教》，《中國道教考古》第三冊，北京：線裝書局，2006 年，第 763 頁。

非常直觀的畫面形式生動地呈現了西王母仙境的景象。九尾狐、三足烏、青鳥、玉兔、蟾蜍、羽人等西王母的眷屬以及龍虎座、仙草、詔籌等均是西王母仙境中最常見的元素（圖11）。此外，崑崙山、東王公也與西王母的世界密切相關。

圖11　山東滕州桑村鎮大郭村出土西王母畫像

1. 九尾狐

和西王母一樣，關於九尾狐的記載也首見於《山海經》。但是在《山海經》中，二者並無關係，而且所處空間方位恰好相反，一個在東一個在西。九尾狐在《山海經》中凡三見：

> 《南山經》：「青丘之山，其陽多玉，其陰多青䨄。有獸焉，其狀如狐而九尾，其音如嬰兒，能食人，食者不蠱。」郭璞云：「即九尾狐。」

> 《海外東經》：「青丘國在其北，其狐四足九尾。」

> 《大荒東經》：「有青丘之國，有狐，九尾。」郭璞注云：「太平則出而爲祥瑞。」〔註66〕

〔註66〕袁珂：《山海經校注》，成都：巴蜀書社，1996年，第7、304、400頁。

《山海經》只是客觀記錄了九尾狐這種異獸，晉人郭璞則將其釋爲祥瑞之物。郭璞之說表達的可能是漢人的觀念，《白虎通義·封禪篇》曰：「德至鳥獸，則鳳皇翔，鸞鳥舞，麒麟臻，白虎到，狐九尾，白雉降，白鹿見，白鳥下。」〔註67〕《文選》王褒《四子講德論》云：「昔文王應九尾狐而東夷歸周。」李善注引《春秋元命苞》：「天命文王以九尾狐。」〔註68〕《易緯乾鑿度》曰：「文王下呂，九尾見。」鄭玄注云：「文王師呂尚，遂致九尾狐瑞也。」《孝經援神契》：「德至鳥獸，則狐九尾。」〔註69〕可見在漢人的觀念中，九尾狐是一種祥瑞之物。據《吳越春秋·越王無余外傳》記載：「禹三十未娶，行到塗山，恐時之暮，失其度制，乃辭云：『吾娶也，必有應矣。』乃有九尾白狐，造於禹。禹曰：『白者，吾之服也。其九尾，王之證也。』於是，塗山人歌曰：『綏綏白狐，九尾厖厖；我家嘉夷，來賓爲主；成家成室，我造彼昌；天人之際，於茲則行。明矣哉！』禹因娶塗山，謂之女嬌。」〔註70〕由此可見，九尾狐可能還和後宮以及子息蕃盛的觀念有關。《吳越春秋》記載的雖然是先秦歷史，但該書實爲漢人所作，且並非質實可信之書，反映的往往是漢人的觀念。又據《史記·天官書》，東宮蒼龍星區「尾爲九子」，《正義》云：「尾九星爲後宮，亦爲九子。」〔註71〕「尾」字就其本義而言，有動物交尾的含義，故而跟生殖有關。因此，有學者認爲九尾狐與生殖崇拜有關。〔註72〕根據第三章的研究可知，進入漢代後，西王母神話的祥瑞化發展模式得到了進一步強化；另據《焦氏易林·鼎之萃》所記「西逢王母，慈我九子。相對歡喜，王孫萬福，家蒙福祉」可知，〔註73〕漢人亦相信西王母可以使信奉者子孫蕃盛。由此可見，九尾狐的祥瑞特徵及其所代表的多子多福的象徵涵義，成爲它與西王母信仰的連接點，使其進入了西王母仙境的圖像之中，成爲西王母最重要的眷屬之一。

〔註67〕（清）陳立：《白虎通疏證》，北京：中華書局，1994 年，第 284 頁。

〔註68〕（梁）蕭統編、（唐）李善注：《文選》卷五十一，上海：上海古籍出版社，1986 年，第 2256 頁。

〔註69〕〔日〕安居香山、中村彰八輯：《緯書集成》，石家莊：河北人出版社，1994 年，第 5、978 頁。

〔註70〕周生春：《吳越春秋輯校匯考》，上海：上海古籍出版社，1997 年，第 106 頁。

〔註71〕（漢）司馬遷：《史記》卷二十七《天官書》，北京：中華書局，1959 年，第 1298 頁。

〔註72〕蔡堂根：《九尾狐新解》，《浙江大學學報》（人文社科版），2004 年第 1 期。

〔註73〕劉黎明：《焦氏易林校注》，成都：巴蜀書社，2011 年，第 854 頁。

2. 青鳥與三足烏

青鳥和三足烏是漢代墓葬圖像中西王母仙境裏最常見的兩種靈禽。《山海經》曾多次提及青鳥，《西山經》曰：「三危之山，三青鳥居之。」《大荒西經》曰：「西有王母之山……有三青鳥，赤首黑目，一名曰大鵹，一名曰少鵹，一名曰青鳥。」《海內北經》曰：「西王母梯几而戴勝杖，其南有三青鳥，為西王母取食。」〔註74〕由此可知，青鳥乃西方靈禽，在《山海經》中即為西王母的眷屬。漢代墓葬畫像中的青鳥應該是承襲《山海經》而來。〔註75〕不過，在西王母仙境畫像中，更為常見的還是三足烏。三足烏和西王母發生聯繫，最早見於司馬相如的《大人賦》：「低回陰山翔以紆曲兮，吾今乃睹西王母曤然白首。載勝而穴處兮，亦幸有三足烏為之使。必長生若此而不死兮，雖濟萬世不足以喜。」張守節《正義》云：「三足烏，青鳥也。主為西王母取食。」〔註76〕由此可見，跟西王母發生關係的三足烏是從三青鳥演化而來。張衡《靈憲》曰：「烏有三趾，陽之類，其數奇。」〔註77〕三足烏是代表日的「陽鳥」，其進入西王母仙境，或許跟西王母協理陰陽的神性功能有關。〔註78〕

3. 玉兔與蟾蜍

玉兔和蟾蜍也是在漢代才和西王母發生交集關係的兩種動物。在王母仙境畫像中，玉兔的形象通常是一手持杵，一手持臼，作搗藥狀；蟾蜍的形象主要有兩種：一作搗藥狀，一作舞蹈狀。在先秦時期，既有兔出於月的觀念。《楚辭·天問》曰：「厥利維何，而顧菟在腹？」王逸注云：「言月中有菟。」洪興祖補注曰：「菟與兔同。」〔註79〕朱熹亦釋菟為兔。〔註80〕到了漢代，又

〔註74〕 袁珂：《山海經校注》，成都：巴蜀書社，1996年，第64、457、358頁。

〔註75〕 漢代墓葬圖像均有其繪製的藍本，部分畫像的藍本很可能出自《山海經》中的插圖。據郝懿行之說，歷代至少有五種《山海經》插圖版本，巫鴻認為第二種應該成於漢代，並且是墓葬圖像的模仿對象。參閱巫鴻：《武梁祠：中國古代畫像藝術的思想性》，柳揚、岑河譯，北京：三聯書店，2006年，第99～100頁。

〔註76〕 （漢）司馬遷：《史記》卷一百一十七《司馬相如列傳》，北京：中華書局，1963年，第3060、3062頁。

〔註77〕 （劉宋）范曄：《後漢書·天文志》注引張衡《靈憲》，北京：中華書局，1965年，第3216頁。

〔註78〕 日本學者小南一郎認為，西王母具有協理陰陽的神性功能。參閱〔日〕小南一郎：《中國的神話傳說與古小說》，孫昌武譯，北京：中華書局，2006年，第93頁。

〔註79〕 （宋）洪興祖：《楚辭補注》，北京：中華書局，1983年，第89頁。

出現了玉兔搗藥的傳說，玉兔與長生不死之藥發生了關係，漢樂府相和歌辭
《董逃行》所謂：「白兔長跪搗藥蝦蟆丸，奉上陛下一玉柈，服此藥可得神仙」
〔註81〕，反映的便是這種觀念。就現存文獻來看，蟾蜍和西王母發生關係與
西王母與不死藥發生關係是同步的。西王母是不死藥的掌管者的記載最早見
於《淮南子》，《初學記》卷一引《淮南子》佚文曰：「羿請不死之藥於西王母，
羿妻姮娥竊以奔月，託身於月，是爲蟾蜍，而爲月精。」〔註82〕《易緯乾鑿
度》曰：「月三日成魄，八日成光，蟾蜍體就，穴鼻始明。穴，決也。決鼻，
兔也。」〔註83〕可見蟾蜍和玉兔一樣，也是月的代表。另據聞一多的考證，
顧菟和蟾蜍本是一物。〔註84〕玉兔和蟾蜍之所以會進入象徵著長生不死的西
王母仙境，應該跟月亮的復生有關（《天問》：夜光何德，死則又育。）按照
弗雷澤的說法，月、兔、蟾蜍及與之相似的蛙，在不少原始民族都和永生信
仰有關，從月亮的盈虧變化中得出這樣的觀念：人可以像月亮一樣不死，或
者像月亮一樣經歷死亡和復生的無限循環。〔註85〕

4. 羽人

羽人是西王母仙境畫像中最常見的仙人形象之一，爲西王母之侍從，或
侍從於西王母近側進獻仙草，或飛翔於雲間。現在發現的最早的羽人形象出
自江西新干大洋州商代大墓（圖12），商代的羽人是否與神仙思想有關不得而
知，但是戰國文獻中的羽人都具有不死的特徵則毫無異議。在漢人的觀念中，
「體生毛，臂變爲翼」〔註86〕是仙人的基本特徵，《列子・湯問篇》所記「一
日一夕飛相往還」〔註87〕的仙人其實也是羽人。

〔註80〕（宋）朱熹：《楚辭集注》，上海：上海古籍出版社，1979 年，第 52 頁。

〔註81〕（宋）郭茂倩：《樂府詩集》卷三十四《相和歌辭第九》，北京：中華書局，1998 年，第 505 頁。

〔註82〕（唐）徐堅：《初學記》卷一《天部上》，北京：中華書局，1962 年，第 4 頁。

〔註83〕〔日〕安居香山、中村彰八輯：《緯書集成》，石家莊：河北人出版社，1994 年，第 62 頁。

〔註84〕聞一多：《天問釋天》，《聞一多全集》卷二，北京：三聯書店，1982 年，第 313～338 頁。

〔註85〕〔英〕弗雷澤：《永生的信仰和對死者的崇拜》，李新萍、郭於華、王彪譯，北京：中國文聯出版社，1992 年，第 31、33～36 頁。

〔註86〕黃暉：《論衡校釋》，北京：中華書局，1990 年，第 66 頁。

〔註87〕楊伯峻：《列子集釋》，北京：中華書局，1979 年，第 152 頁。

圖 12　江西新干大洋州商代大墓玉羽人

5. 伏羲與女媧

　　伏羲與女媧是比西王母更早出現於墓葬圖像中的兩位神祇。西王母形象出現後，伏羲與女媧通常被配置在西王母兩側，伏羲雙手捧日或一手舉日一手持規，女媧則雙手捧月或一手舉月一手持矩，二者下身作交尾狀。伏羲和女媧的象徵意義跟長生不死沒有多少關聯，他們被與西王母組合到一起，可能只是反映了早期信仰和新出的西王母仙境信仰之間的過渡。到公元 1 世紀西王母仙境圖像逐漸完善之後，伏羲和女媧也便漸漸從西王母仙境中消失。〔註88〕

6. 勝

　　西王母在《山海經》中出現過三次，每次均以「戴勝」的形象出現。「戴勝」可以說是西王母最重要的形象特徵。在漢代西王母畫像中，西王母在絕大多數情況下均是以「戴勝」的形象出現，「戴勝」甚至成爲鑒別一幅圖像是否表現的是西王母形象的重要標誌。雖然也有極個別西王母圖像沒有「戴勝」，但是在她身旁往往會有「西王母」三字榜題。出現這種情況可能是因爲在製作時出現了不可挽回的偏差，加刻榜題是爲了糾正偏差以確定人物身份。〔註89〕由此可見，「戴勝」可以說是西王母圖像中最重要的元素。按照《釋

〔註88〕巫鴻：《武梁祠：中國古代畫像藝術的思想性》，柳揚、岑河譯，北京：三聯書店，2006 年，第 132 頁。

〔註89〕邢義田：《畫爲心聲：畫像石、畫像磚與壁畫》，北京：中華書局，2012 年，第 87 頁。

名・釋首飾》篇的說法，「勝」是一種「蔽髮前爲飾」的髮飾，〔註90〕《開元占經》卷一一四引《晉中興書・徵祥說》曰：「金勝者，仁寶也，不琢自成，光若水月，四夷賓服則出。」據此，「勝」還是象徵天下太平的祥瑞之物。根據日本學者小南一郎的研究，「勝」還跟紡織有關，具有宇宙論的意義。〔註91〕「戴勝」之所以能成爲西王母圖像中最重要的因素，恐怕正與此有關。

7. 龍虎座

龍虎座圖像僅見於四川地區（圖13），坐在龍虎座上的西王母被認爲是協和陰陽的象徵。〔註92〕這一圖像的出現可能還跟漢代流行的房中術有關。按照房中術的理論，男女交媾也是一種實現長生不死的修煉方法，而龍虎則是房中修煉的技術隱語。四川在漢代是天師道興盛之地，房中術則是天師道最重要的修煉方術之一；四川地區還出土了許多在其他地區非常罕見的秘戲圖，〔註93〕有些秘戲圖中甚至還出現了西王母的形象（圖14）。這些都說明，僅見於四川地區的西王母所坐龍虎座，很可能跟當地流行的天師道以及當地的民俗文化有關。

圖 13　四川彭山縣江口鄉出土西王母龍虎座圖像

〔註90〕《釋名・釋首飾》：「華勝：華，象草木華也；勝，言人形容〔正〕等。一人著之則勝，蔽髮前爲飾也。」（清）王先謙：《釋名疏證補》，上海：商務印書館，1937年，第238頁。

〔註91〕〔日〕小南一郎：《西王母與七夕文化傳承》，載《中國的神話傳說與古小說》，孫昌武譯，北京：中華書局，2006年，第62頁。

〔註92〕顧森：《漢畫中西王母的圖像研究》，載《西王母文化研究集成論文卷》中卷，桂林：廣西師範大學出版社，2008年，第799頁。原載《中原文物》1996年增刊，第36～39頁。

〔註93〕范小平：《四川畫像磚藝術》，成都：巴蜀書社，2008年，第85頁。

圖 14a　四川新都出土東漢秘戲圖畫像

圖 14b　四川滎經出土西王母石棺畫像

8. 仙草與詔籌

　　西王母被認爲是長生不死藥的掌管者，因此，在西王母仙境圖像中，可以使人長生不死的仙草極爲常見。《漢書・五行志》記載：「哀帝建平四年正月，民驚走，持稾或棷一枚，傳相付與，曰行詔籌。」〔註94〕巫鴻據此認爲山東嘉祥武梁祠及宋山漢墓等地出土的畫像中仙人所持條狀物即西王母詔籌，〔註95〕林巳耐夫則認爲是獻給西王母的仙草（圖 15）。〔註96〕根據我們在

〔註94〕《漢書》卷二十七下之上《五行志》，北京：中華書局，1962 年，第 1476 頁。
〔註95〕巫鴻：《武梁祠：中國古代畫像藝術的思想性》，柳揚、岑河譯，北京：三聯書店，2006 年，第 146 頁。
〔註96〕〔日〕林巳耐夫：《刻在石頭上的世界——畫像石述説的古代中國的生活和思想》，唐利國譯，北京：商務印書館，2010 年，第 209 頁。

第三章的研究，西王母救世和長生不死，是哀帝建平四年爆發的西王母信仰運動所表達的最重要的宗教觀念。但是，禾杆（槀）或麻杆（枲）並非具有特殊象徵意義的植物，以其爲西王母的詔籌令人費解。合理的解釋應該是，槀或枲是在現實中並不存在的西王母仙境中仙草的替代品，作爲信眾與西王母之間的符信，槀或枲是仙草的象徵物，而不是普通的禾杆或者麻杆。因此，西王母仙境圖像中仙人所持的條狀物應該是與長生不死觀念密切相關的仙草。

圖 15　山東嘉祥縣宋山漢墓出土的畫像中仙人所持條狀物

9. 崑崙山

崑崙山早在戰國時代就已被視爲與不死觀念密切相連的神聖之域，《山海經》稱其爲「帝之下都」。進入漢代以後，崑崙山的神聖性得到進一步強化，《淮南子》對崑崙山進行了比先秦文獻更爲細緻的描述，並重點強調了其「登之不死」的仙山特徵。〔註 97〕山東臨沂金雀山九號漢墓出土的武帝時期的帛畫的最上方，是內有三足烏的日輪和內有蟾蜍的月輪，日月圖像之下是三座山峰（圖 16）；〔註 98〕湖南長沙砂子塘一號漢墓（圖 17）和長沙馬王堆一號漢墓出土的漆棺畫上，也有雲霧繚繞的山峰圖像（圖 18）。〔註 99〕據曾布川寬

〔註97〕何寧：《淮南子集釋》，北京，中華書局，1998 年，第 328 頁。

〔註98〕臨沂金雀山漢墓發掘組：《山東臨沂金雀山九號漢墓發掘簡報》，《文物》1977
　　　年第 1 期。

〔註99〕湖南省博物館：《長沙砂子塘西漢墓發掘簡報》，《文物》1963 年第 2 期；湖南
　　　省博物館、中國科學院考古研究所：《長沙馬王堆一號漢墓》，北京：文物出
　　　版社，1973 年。

的研究，這些山峰就是崑崙山。這些沒有仙人的崑崙山圖像說明，在西漢中前期，崑崙山已是公認的仙境，但是與崑崙山聯繫在一起的西王母還沒有登上仙人信仰的舞臺。〔註100〕

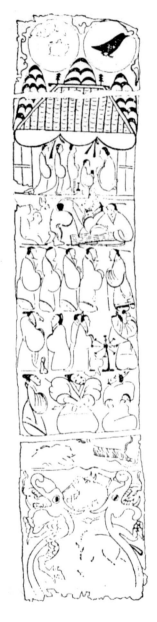

圖 16　山東臨沂金雀山九號漢墓帛畫摹本

〔註100〕信立祥：《漢代畫像石綜合研究》，北京：文物出版社，2000 年，第 144 頁。

圖 17　湖南長沙砂子塘一號漢墓木漆棺畫摹本

圖 18　湖南長沙馬王堆一號漢墓木漆棺畫摹本

　　西漢晚期，隨著西王母信仰運動的興起，西王母才被正式與崑崙山聯繫在一起。在西漢後期興起的讖緯之說中，明確出現了西王母居崑崙山的說法。《河圖玉版》曰：「西王母居崑崙之山。」《河圖括地象》曰：「崑崙之弱水中，非乘龍不得至。有三足神鳥，爲西王母取食。」〔註101〕與之相應，在墓葬中也出現了把西王母和崑崙山聯繫在一起的圖像，至此，西王母正式登上崑崙山，成爲崑崙仙境的主宰。

　　目前所知最早的西王母圖像，見於河南洛陽出土的西漢昭帝至宣帝時代的卜千秋墓葬壁畫（圖19）。〔註102〕在壁畫圖像中，有一女子面向墓主夫婦跪坐，作啓事狀。曾布川寬認爲該女子就是西王母，〔註103〕孫作雲則認爲是西王母派來迎接墓主人的侍女。〔註104〕無論該女仙是西王母還是西王母的侍女，都能證明在西漢後期，西王母已成爲仙境的主宰。但是，西王母在這時還沒有和崑崙山發生聯繫。到東漢前期，這種情況發生了變化。在大約建造於二世紀的山東嘉祥宋山祠堂畫像石中，出現了西王母端坐在一個頂部平坦，莖部彎曲的蘑菇狀寶座上的圖像，西王母所坐寶座的形制與《十洲記》描繪的「方廣萬里，形似偃盆，下狹上廣」〔註105〕的崑崙山如出一轍，可見該寶座即崑崙山。此類形象在河南、四川、山東出土的畫像石上也隨處可見。然而，漢代文獻中崑崙山通常被描繪成包括三座山峰的大山，在山東沂南漢墓出土的畫像石上，西王母即端坐在三峰聳立的崑崙山上，西王母居中，旁邊兩峰各有一搗藥的兔子（圖20）。這些圖像的出現說明，在公元2世紀，西王母神話已經與崑崙山神話融爲一體，西王母正式成爲崑崙山的主人，西王母的世界就是崑崙仙境。

〔註101〕〔日〕安居香山、中村彰八輯：《緯書集成》，石家莊：河北人出版社，1994年，第1147、1092頁。

〔註102〕洛陽博物館：《洛陽西漢卜千秋壁畫墓發掘簡報》，《文物》1977年第6期。

〔註103〕〔日〕曾布川寬：《崑崙山と昇仙圖》，《東方學報》51冊，第161頁。

〔註104〕孫作云：《洛陽西漢卜千秋壁畫考釋》，《文物》1977年第6期。

〔註105〕（漢）東方朔：《海內十洲記》，《漢魏六朝筆記小說大觀》，上海：上海古籍出版社，1999年，第70頁。

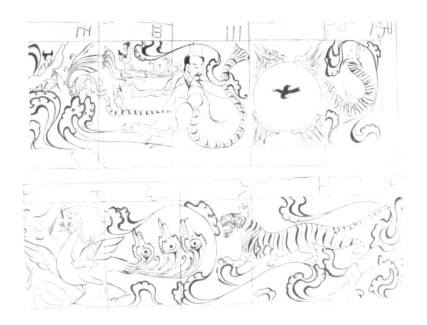

圖 19　河南洛陽卜千秋墓葬壁畫

圖 20　山東沂南漢墓出土的西王母與崑崙山畫像石

10. 東王公

在西王母成爲長生不死信仰的主角之後，漢人基於父權及陰陽配對的觀念，又創造出了西王母的對偶神東王公。關於東王公的由來，在漢代文獻中找不到任何線索。〔註106〕但是，在漢代墓葬圖像中，東王公的圖像卻十分常見。不過，在西漢的墓葬圖像中，東王公還沒有正式登場。在東王公出現之前，陰陽相對的概念主要有伏羲和女媧這兩位神祇來表現。從公元 1 世紀開始，西王母逐漸取代女媧成爲「陰」的象徵，與之相對的「陽」則由人格化的箕星或者風伯來表現。在山東長清孝堂山祠堂東西兩壁的山牆上，西壁山牆的下部西王母端坐於正中，左右有侍從及搗藥玉兔；東壁則有風伯蹲踞於地，用笛狀物向殿堂方向吹出陣陣狂風（圖 21）。〔註107〕到東漢中期，東王公才在群眾性造仙運動中最終被創造出來，並出現於墓葬圖像之中。現在發現最早將東王公和西王母對應配置的墓葬圖像，出自建造於東漢桓帝元嘉元年（151）的山東嘉祥武氏祠中的武梁祠（圖 22）。在武梁祠東西兩壁山牆仙人圖像中，東壁是東王公圖，西壁是西王母圖，兩位主仙雙肩生翼，正襟危坐於畫面中央，羽人以及九尾狐、三足鳥、開明獸、蟾蜍、玉兔等眾多仙禽神獸配置在畫面兩側。到東漢晚期，武梁祠的這種構圖配置方式，已成爲仙人圖像的標準配置模式，表達著墓葬及祠堂的建造者希望墓主死後能夠升入崑崙仙境的強烈願望。

圖 21　山東長清孝堂山祠堂東西兩壁畫像摹本

〔註106〕雖然舊題東方朔所撰《神異經》中有關於「西王母會東王公」傳說的記載，但是該書被認爲是後人僞託之作，是否爲漢人著作，也仍然難以確定。

〔註107〕巫鴻：《武梁祠：中國古代畫像藝術的思想性》，柳揚、岑河譯，北京：三聯書店，2006 年，第 131～133 頁；信立祥：《漢代畫像石綜合研究》，北京：文物出版社，2000 年，第 154 頁。

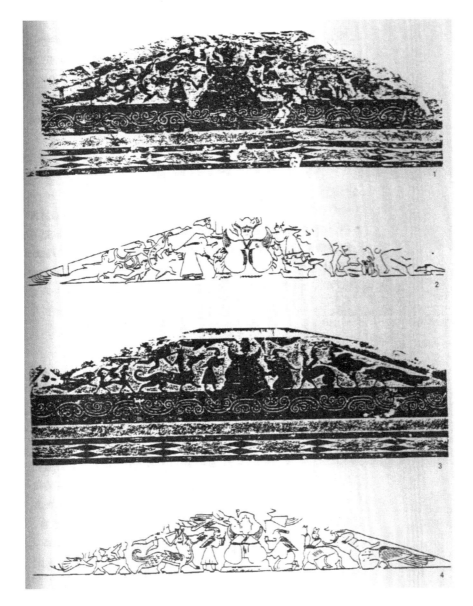

圖 22　山東嘉祥武梁祠山牆畫像

　　以上所述，只是西王母仙境圖像中最常見、最核心的構成元素。實際上，西王母仙境圖像包括的元素遠不止此，而且每一個元素都蘊涵著特殊的象徵意義，表達著長生不死、死後升仙的宗教觀念。這些為數眾多的圖像元素被按照一定的配置原則組合在一起，形成了一個複雜的符號象徵系統。漢人借助這種象徵的方式，營造出了一個完美的死後世界，為生命找到了最終的理

想歸宿；並借助這個符號象徵系統，表達著期望死後能夠進入西王母統治的仙境，使生命獲得完美的自由和幸福的宗教願景。需要補充說明的是，漢人的宗教信仰複雜多元，西王母的仙境並非是漢人對死後世界的唯一想像。前文提到的關於泰山、地下、黃泉、幽都、天上等超驗世界的信仰，在漢代同樣有著重要影響，並且在漢代墓葬藝術中也有所表現。其次，西王母信仰在漢代並非僅僅體現於喪葬文化中，人們對西王母的崇拜也並非僅僅是寄望能夠在死後升入西王母的仙境。喪葬文化之外的西王母信仰在漢代的傳播與發展狀態，第三章已做過較深入的討論，此不贅述。

以死後升仙觀念為核心的西王母信仰在漢代極為流行，但是，自漢代以後，這一信仰卻逐漸式微。我們知道，漢代文獻中沒有多少關於人們希望死後能夠升入西王母仙境的記載。這一信仰主要通過墓葬圖像的形式在喪葬文化中得以呈現，並為後世研究者所知。因此，曹魏以後因為反對厚葬之風導致墓葬藝術創作的衰落，或許是造成此後墓葬圖像中表現西王母仙境的圖像數量銳減的客觀原因。但是，更重要的原因恐怕還在於：漢魏以後，隨著佛道兩教的興盛，佛道二教構建的一種全新的死後世界格局，逐漸取代了西王母的世界；西王母的仙境逐漸從死後世界中退出，已不再是普通人的生命歸宿，而成了僅僅只屬於修道成仙者的神聖世界。由此，自漢魏時代，西王母信仰逐漸開始出現道教化演變的發展趨向。

第五章　西王母信仰的道教化演變

第一節　原始道教對西王母信仰的疏離

　　通過近世出土的大量墓葬資料以及傳世的漢代文獻可以知道，西王母信仰在漢代是一種影響非常大的宗教信仰形態。與此同時，漢代也是道教從開始醞釀到蓬勃發展的重要時期。在西漢中、後期，出現於先秦時代的西王母神話完成了神仙化轉型，逐漸與神仙思想合流，因而，興起於西漢後期的以西王母爲崇拜對象的宗教信仰，本質上仍然是自戰國時期開始盛行的以追求長生不死爲終極目標的神仙思想的一種「變體」。神仙思想是道教最核心的信仰，英國學者李約瑟曾指出：「道教思想從一開始就迷戀於這樣一種觀念，即認爲長生不死是可能的。我們不知道在世界上任何其他一個地方有與此近似的觀念。」〔註1〕日本學者窪德忠則認爲：「神仙說的觀點就是在地球上無限延長自己的生命。似乎可以認爲現實的人使具有肉體的生命無限延長，並永享快樂的欲望導致了產生神仙說這一思想，這種思想在其他國家是沒有的。」〔註2〕法國學者馬伯樂甚至把道教定義爲「引導信徒得道永生的救濟的宗教」。〔註3〕由此可見，神仙思想作爲道教最核心的、也是最具民族特色

〔註1〕〔英〕李約瑟：《中國科學技術史》第二卷，科學出版社、上海古籍出版社，1990 年，第 154 頁。
〔註2〕〔日〕窪德忠：《道教史》，蕭坤華譯，上海：上海譯文出版社，1987 年，第56 頁。
〔註3〕〔法〕馬伯樂：《道教》，轉引自孫昌武《道教與唐代文學》，北京：人民文學出版社，2001 年，第 132 頁。

的宗教思想，是學術界公認的事實。那麼，兩漢時代表現神仙思想的西王母信仰，是否也屬於道教信仰呢？眾所周知，道教具有「雜而多端」、「細大不捐」〔註4〕的特點，在其形成、發展過程中，道教大量吸收了各種非道教文化的因素。那麼，漢代道教是否已經完全吸收了當時盛行一時的西王母信仰，並將其納入了自己的信仰體系呢？要解決這個問題，還需對漢代道教做深入考察。

不可否認，西王母信仰在後世的確被道教吸收並改造，成為道教信仰的一個重要組成部分。但是，神仙思想並非道教的創造，而是在先秦時代就已流行的一種宗教思想。根據前文的研究可以看出，西王母信仰的神仙化轉型跟道教似乎並沒有直接關係。因此，不能因為神仙思想是道教最核心的宗教思想，就貿然認為作為神仙思想「變體」的西王母信仰在漢代就已成為道教信仰的組成部分；更不能像巫鴻先生所批評的那樣，據晚出道教文獻的說法把西王母之類的圖像本末倒置地說成是道教圖像。〔註5〕因此，要弄清兩漢時期西王母信仰與道教信仰的關係，以及道教對西王母信仰的態度等問題，還應該要排除後出觀念的干擾，儘量還原歷史文化情境，才能得出切實可信的結論。

關於道教形成的時間問題，學術界尚未形成一致的看法。饒宗頤認為道教的形成跟楚地的巫醫傳統有關，「黃老學在理論與方技是雙軌並道。理論即思想史所謂『道家』，方技即宗教史所謂『道教』」，因而主張將道教產生的時間上限提前至先秦。〔註6〕韓秉方把道教發展史分為原始道教、民間道教和正統道教三個階段，將具有教派組織特點的民間道教和正統道教的形成時間界定在西漢成帝時期和南北朝時期，也就是說原始道教的形成時期可以溯源之至成帝之前直到先秦時期。〔註7〕李申認為漢初的黃老學就已經是道教。〔註8〕卿希泰對此問題持一種動態的觀點，認為「從西漢末年的《天官曆包元太平經》，到東漢中期的《太平清領書》，從巴蜀漢中的五斗米道，到東方中原的

〔註4〕柳存仁：《道教史探源》，北京：北京大學出版社，2005年，第15頁。

〔註5〕巫鴻：《漢代道教美術試探》，載《禮儀中的美術——巫鴻中國古代美術史文編》，鄭岩等譯，北京：三聯書店，2005年，第456頁。

〔註6〕饒宗頤：《道教與楚俗關係新證——楚文化的新認識》，載氏著《中國宗教思想史新頁》，北京：北京大學出版社，2000年，第56頁。

〔註7〕韓秉方：《關於道教創立過程的新探索》，《世界宗教研究》1999年第2期。

〔註8〕李申：《黃老、道家即道教論》，《世界宗教研究》1999年第2期；《道教本論》，上海：上海文化出版社，2001年。

太平道，是早期道教形成過程中的重要標誌。」〔註9〕姜生則認爲：「在道教發展史上，從西漢到魏晉，存在一個可以稱之爲『原始道教』的階段。葛洪是站在原始道教與正統道教分水嶺的一個標誌性人物。葛洪以後的道教思想家們，批判繼承原始道教思想，逐漸與大一統的國家政治相適應，並逐漸從拯救論（尋藥與天使解救）向自救論（煉丹術與道德前提論）轉變。」〔註10〕類似的觀點分歧不一而足，此處不再列舉。儘管存在分歧，但是漢代是道教從醞釀到形成的重要時期，魏晉時期是道教發展的分水嶺，則是學術界的共識。因此，我們接受姜生的觀點，把西漢到魏晉的道教稱作原始道教，〔註11〕以示此時期道教與後世道教的區別，進而討論原始道教與西王母信仰之間的關係問題。

在原始道教時期，東漢順帝年間興起了五斗米道，靈帝年間興起了太平道，是道教發展史上的重要事件，往往被看成是道教形成的標誌。其實在五斗米道和太平道興起之前，類似的帶有政治訴求和反叛傾向的民間宗教運動就已風起雲湧，此類民間宗教運動在正史中通常被稱作「妖巫」。據統計，僅東漢初年光武帝建武年間就爆發過三起「妖巫」事件，安帝時爆發過四起，順帝時爆發過九起，沖、質二帝在位僅兩年，竟爆發了十一起，桓帝時更多達二十起。〔註12〕從某種程度來看，五斗米道和太平道可以說是從這些「妖巫」運動中醞釀而出的更大規模的民間宗教運動。考察相關記載可以看出，此類「妖巫」運動大多帶有道教的色彩，以建武年間爆發的三起「妖巫」事件爲例：

> 初，卷人維汜，妖言稱神，有弟子數百人，坐伏誅。後其弟子李廣等宣言汜神化不死，以誑惑百姓。（建武）十七年，遂共聚會徒

〔註9〕卿希泰主編：《中國道教史》第一卷（修訂本），成都：四川人民出版社，1996年，第101頁。

〔註10〕姜生：《原始道教之興起與兩漢社會秩序》，《中國社會科學》2000年第6期。日本學者小南一郎提出的「新神仙思想」的觀點，對道教發展史的認識和姜生的觀點理路有相通之處，亦可參考。參閱（日）小南一郎：《〈神仙傳〉——新神仙思想》，載氏著《中國的神話傳說與古小說》，孫昌武譯，北京：中華書局，2006年，第182～255頁。

〔註11〕日本學者秋月觀暎也將太平道和五斗米道稱作原始道教教團。參閱福井康順等監修《道教》第一卷，朱越利譯，上海：上海古籍出版社，1990年，第29～33頁。

〔註12〕卿希泰主編：《中國道教史》第一卷（修訂本），成都：四川人民出版社，1996年，第204頁。

黨，攻沒皖城，殺皖侯劉閔，自稱南嶽太師。〔註13〕

　　（建武）十九年妖巫維汜弟子單臣、傅鎮等復妖言相聚，入原武城，劫吏人，自稱將軍。〔註14〕

所謂「神化不死」、「自稱南嶽太師」、「自稱將軍」，跟太平道以及五斗米道並無差別。這種模仿世間官僚體系，自封將軍、太師等頭銜的做法，在魏晉之前的道教中甚至形成了一種傳統。直到魏晉以後，道教採取與官方合作的態度，向官方宗教轉向之後，這種做法才逐漸消失。〔註15〕由此可見，自東漢初年開始愈演愈烈的「妖巫」事件是帶有濃厚的道教色彩的民間宗教運動。但是，考察關於「妖巫」事件的各種記載，卻看不到西王母信仰的痕跡，可見此類具有道教色彩的民間宗教運動並沒有吸收西王母信仰。其實，在五斗米道和太平道中也同樣難以找到西王母信仰的影響。據《三國志》的記載：

　　憙平中，妖賊大起，三輔有駱曜。光和中，東方有張角，漢中有張修。駱曜教民緬匿法。角為太平道，修為五斗米道。太平道者，師持九節杖為符祝，教病人扣頭思過，因以符水飲之，得病或日淺而愈者，則云此人信道，其或不愈，則為不信道。修法略與角同，加施靜室，使病者處其中思過。又使人為奸令祭酒，祭酒主以《老子》五千文，使都習，號為奸令。為鬼吏，主為病者請禱。請禱之法，書病人姓名，說服罪之意。作三通，其一上之天，著山上，其一埋之地，其一沉之水，謂之三官手書。〔註16〕

駱曜的「緬匿法」是隱形術，〔註17〕太平道和五斗米道都是用符水治病，其宗教活動和以神仙思想為核心的西王母信仰沒有關聯。其實，不光在正史中找不到關於太平道、五斗米道與西王母信仰之間發生關係的記載，即使在太平道和五斗米道自己的文獻中，也同樣難以找到能證明西王母信仰在這個時期已經融入道教的有力證據。〔註18〕

〔註13〕《後漢書》卷二十四《馬援列傳》，北京：中華書局，1965年，第838頁。

〔註14〕《後漢書》卷十八《吳蓋陳臧列傳》，北京：中華書局，1965年，第694頁。

〔註15〕葛兆光：《屈服史及其他：六朝隋唐道教的思想研究》，北京：三聯書店，2003年，第12～28頁。

〔註16〕《三國志》卷八《張魯傳》注引《典略》，北京：中華書局，1959年，第264頁。

〔註17〕任繼愈主編：《中國道教史》，北京：中國社會科學出版社，2001年，第33頁。

〔註18〕按：西王母在《太平經》中出現過兩次，後一次是對前一次的解釋，因此實際上只能算一次，而且也不能證明太平道吸收了西王母信仰。對此，後文將做進一步討論，此不贅述。

　　根據史書的記載，在漢代歷史上也曾爆發過一場影響面遍及大半個中國的西王母信仰運動，據《漢書·五行志》記載：

> 哀帝建平四年正月，民驚走，持稾或棷一枚，傳相付與，曰行詔籌。道中相過逢多至千數，或被髮徒踐，或夜折關，或踰牆入，或乘車騎奔馳，以置驛傳行，經歷郡國二十六，至京師。其夏，京師郡國民，聚會里巷阡陌設祭張博具，歌舞祠西王母。又傳書曰：「母告百姓，佩此書者不死。不信我言，視門樞下，當有白髮。」至秋止。〔註19〕

興起於西漢末年的這場西王母信仰運動，是西王母信仰第一次顯示出巨大影響力的標誌性事件，可以說是西王母信仰發展歷程中的轉折點。近世不斷出土的大量西王母圖像以及跟西王母仙境相關的搖錢樹、博山爐、銅鏡等文物，絕大多數均出現於此一時期之後，進一步印證了西漢末年是西王母信仰進入蓬勃發展階段的重要時期。有些學者認爲建平四年爆發的這場西王母信仰運動是道教性質的宗教運動，但是，除了宣揚「不死」觀念之外，這場運動和其他帶有道教色彩的民間宗教運動並無多少相同之處，而我們也知道「不死」觀念並非是道教的專利。這場以「傳行西王母詔籌」的形式迅速蔓延的宗教運動，看似是一場有組織的宗教運動，但是卻沒有具體的組織形式，也沒有具體的組織者和領導者，更沒有明確的政治和宗教的訴求，這就跟其他帶有道教色彩的宗教運動形成鮮明對比。在沒有任何外力干涉的情況下，這場西王母信仰運動便「至秋止」，說明這只是一場自發形成的民間宗教恐慌。其實類似的宗教恐慌在漢代歷史上曾發生多次，據《後漢書·安帝紀》記載，東漢安帝永初元年（107）十一月戊子，同樣的民眾驚恐騷動事件就再次發生。「敕司隸校尉、冀并二州刺史：『民訛言相驚，棄捐舊居，老弱相攜，窮困道路。其各敕所部長吏，躬親曉喻。若欲歸本郡，在所爲封長檄；不欲，勿強。』」〔註20〕其實，類似的民眾驚恐騷動事件在歷史上一直不絕如縷。此類民間騷動事件並不代表某種特定的宗教，對此，美國學者孔飛力曾做過深入研究。〔註21〕就哀帝建平四年爆發的這場以西王母信仰爲核心的民眾騷亂事件而言，兩

〔註19〕　《漢書》卷二十七下之上《五行志》，北京：中華書局，1962 年，第 1476 頁。
〔註20〕　《後漢書》卷五《孝安帝紀》，北京：中華書局，1965 年，第 209 頁。
〔註21〕　〔美〕孔飛力：《叫魂：1768 年中國妖術大恐慌》，陳兼、劉昶譯，北京：三聯書店，2012 年。

漢時期彌漫於整個社會的極其強烈的災異意識，現實中遭遇的種種天災人禍，以及由此逐漸形成的拯救思想才是引發騷動的根源。〔註22〕這場運動從爆發到結束，一直處於一種沒有明確宗教意圖的不自覺狀態，因而只能證明西王母信仰在當時對全社會產生了重大影響，卻不能證明西王母信仰已經被正在醞釀創教活動的道教所吸收。

五斗米道和太平道興起之前頻仍爆發的一系列民間「妖巫」事件，是道教在醞釀過程中出現的極端表現，雖然對道教在東漢末年最終形成起到了重要的促進作用，但是任何宗教的產生都不可能僅僅靠發動宗教運動就能促成，更為廣闊深厚的宗教生活土壤才是其得以正式形成的最重要因素。在標誌著道教正式形成的五斗米道和太平道出現之前，處於萌芽狀態的道教活動是以何種形式存在，傳世文獻中並沒有留下多少有價值的記載，而近世出土的大量道教文物則彌補了這方面的不足。

在宗教考古中，道教的石窟造像藝術遠遜於佛教，但是在墓葬材料方面道教則遠勝於佛教。〔註23〕王育成通過對漢代道教文物的研究發現，在五斗米道和太平道出現之前，東漢社會上有一批自稱為天帝使者、天帝神師或其他名稱的道人，「他們吸收傳統宗教文化和黃老之學的部分內容，創立了最早的道教法術、法物、儀式和崇拜對象，以師徒傳授的形式組成多個分散的小型道教團體，他們上下遊走，在一個廣闊的地區內從事著傳道布教的活動，使道教成為當時社會的重要信仰之一，為它的興起和大教團的出現奠定了深厚的社會、思想和實踐基礎；到東漢末期，隨著社會矛盾的激化，這些道人中出現張角、張魯這樣的傑出人物，他們繼承和發展了天帝使者類道人的法術、法物、儀式和崇拜對象，建立起組織較為嚴密的更大的教團，並參與到社會鬥爭中，終於使道教這座冰山在社會的海洋中露出它的尖頂」。〔註24〕另外，張勳燎對東漢墓葬出土的解注器的研究也基本上印證了這一觀點。〔註25〕值得注意的是，在近世出土的漢代道教考古材料中很少有和西王母信仰相關

〔註22〕姜生：《原始道教之興起與兩漢社會秩序》，《中國社會科學》2000年第6期。
〔註23〕張勳燎、白彬：《「道教考古」與「道教考古學」》，《中國道教考古》第6冊，北京：線裝書局，2006年，第1892頁。
〔註24〕王育成：《東漢天帝使者類道人的與道教起源》，陳鼓應主編：《道家文化研究》第十六輯，北京：三聯書店，1999年，第203頁。
〔註25〕張勳燎、白彬：《東漢墓葬出土解注器和天師道的起源》，《中國道教考古》第1冊，北京：線裝書局，2006年。

的材料，這也說明在道教醞釀的時期，天地使者類道人的布教活動也沒有眞正吸收西王母信仰。

　　當然，原始道教也並不是和西王母信仰毫無關係。在《太平經》中，西王母就曾出現過兩次。《太平經》卷三十八《師策文》云：

　　　　師曰：「吾字十一明爲止，丙午丁巳爲祖始。四口治事萬物理，子巾用角治其右，潛龍勿用坎爲紀。人得見之壽長久，居天地間活而已。治百萬人仙可待，善治病者勿欺紿。樂莫樂乎長安市，使人壽若西王母，比若四時周反始，九十字策傳方士。」〔註26〕

《太平經》卷三十九《解師策書訣第五十》解釋「使人壽若西王母」曰：

　　　　使人壽若西王母：使人者，使帝王有天德好行正文之人也；若者，順也，能大順行吾書，即天道也，得之者大吉，無有咎也；西者，人人棲存眞道於胸心也；王者，謂帝王得案行天道者大興而王也；其治善，迺無上也；母者老壽之證也，神之長也。〔註27〕

現存《太平經》只是一個殘本，所以我們並不能確定在《太平經》的佚失部分是否還曾出現過有關西王母的記載。但是至少可以推定，即使出現過其出現的頻率也不會太高。根據《解師策書訣》對「西王母」的解釋也可看出，《太平經》並不把西王母視爲崇拜的對象。《太平經》中還有關於崑崙崇拜的思想內容：

　　　　吾統迺繫於地，命屬崑崙。今天師名迺在天，北極紫宮。〔註28〕

　　　　惟上古得道之人，亦自法度未生有錄籍，錄籍在長壽之文，須年月日當昇之時，傳在中極。中極一名崑崙，輒部主者往錄其人姓名，不得有脫。〔註29〕

　　　　神仙之錄在北極，相連崑崙。崑崙之墟有眞人，上下有常。眞人主有錄籍之人，姓名相次。高明得高，中得中，下得下，殊無搏頰乞匄者。〔註30〕

據此可知，在《太平經》所代表的道教觀念中，崑崙山是得道成仙者「命之

〔註26〕　王明：《太平經合校》，北京：中華書局，1997年，第62頁。
〔註27〕　王明：《太平經合校》，北京：中華書局，1997年，第68頁。
〔註28〕　王明：《太平經合校》，北京：中華書局，1997年，第81頁。
〔註29〕　王明：《太平經合校》，北京：中華書局，1997年，第532頁。
〔註30〕　王明：《太平經合校》，北京：中華書局，1997年，第583頁。

所屬」的聖境；據前文的研究可知，在東漢早期的宗教信仰中，西王母就已成為崑崙仙境的主宰者，但是在《太平經》中，崑崙山和西王母卻沒有發生任何關係，崑崙山上只有掌管修道者「錄籍」的「真人」，卻沒有西王母的位置。綜觀《太平經》對天上神聖世界的描述可以發現，《太平經》重視的神仙世界實際上是人間官僚體系的翻版，而不是漢代墓葬圖像中所表現的那種賦予生命徹底自由與幸福的西王母仙境。由此可見，當時的道教信仰並沒有吸收西王母信仰，和同時在民間廣泛流行的西王母信仰之間還有較大距離。

現代出土的漢代道教考古資料中也有跟西王母相關的內容，較有代表性的當數河南偃師縣出土的肥致碑。據碑文記載，肥致是主要活動於東漢章帝、和帝時期的著名道人，他「少體自然之恣（姿），長有殊俗之操，常隱居養志。君常止棗樹上，三年不下，與道逍遙。行成名立，聲布海內，群士欽仰，來集如雲」，曾攘除「著鍾連天之赤氣」，並使用法術為皇帝自蜀中取葵，被封為掖庭待詔，在當時名動天下。該碑末尾記載：「土仙者大伍公，見西王母崑崙之虛（墟），受仙道。」〔註31〕《偃師縣南蔡莊鄉漢肥致墓發掘簡報》的作者認為大伍公就是肥致，〔註32〕張勳燎教授則對此持懷疑態度。〔註33〕其實，大伍公是不是肥致並不重要，重要的是這條資料說明，早期道人也有把西王母看做是居住在崑崙山上掌管著仙道的神仙的情況，原始道教也並非完全無視西王母信仰的存在，甚至還在一定程度上受到了西王母信仰的影響。但是，僅此一條孤證並不能證明原始道教已經吸收了西王母信仰，或者說西王母信仰已經融入原始道教之中；同樣也仍然不能否認原始道教其實一直對西王母信仰持一種有意疏離的態度。

西王母信仰在漢代社會具有非常廣泛的影響，而道教又特別善於吸收不同宗教因素以發展壯大自己。以長生不死觀念和仙境崇拜為核心理念的西王母信仰，其實和道教信仰有著非常重要的相通之處，但是，原始道教卻對西王母信仰持一種明顯的疏離態度，其中原因何在？我們認為主要以下幾點：

〔註31〕 此處所引《肥致碑》文字，據張勳燎教授在《河南偃師縣南蔡莊鄉東漢墓出土道人肥致碑及有關道教遺物研究》一文中，對此碑原文所做的校正本。

〔註32〕 河南省偃師縣文物管理委員會：《偃師縣南蔡莊鄉漢肥致墓發掘簡報》，《文物》1992年第9期。

〔註33〕 張勳燎：《河南偃師縣南蔡莊鄉東漢墓出土道人肥致碑及有關道教遺物研究》，載《西王母文化研究集成論文卷》中卷，桂林：廣西師範大學出版社，2008年，第1104頁。原載《四川大學考古專業創建三十五週年紀念文集》，成都：四川大學出版社，1998年。

　　首先，原始道教以黃帝、老子爲主要崇拜對象，而西王母信仰則以西王母爲主神。在主神的選擇上，原始道教不可能選擇西王母，因而必然會有意忽視西王母信仰的存在，對西王母信仰持疏離態度。原始道教是承續黃老思想而來的一種新興宗教，〔註 34〕黃帝是原始道教中一位具有巨大拯救能力的天上大神。〔註 35〕崇拜黃帝的「尙黃」思想在漢代極爲盛行，天帝使者類道人所行「黃神越章」等法術，以及太平道所宣稱的「中黃太乙」、「黃天當立」，反映的其實都是黃帝崇拜的思想。〔註 36〕《後漢書・皇甫嵩傳》說張角「奉事黃老道」，〔註 37〕《漢天師世家》稱張道陵「教民信奉黃老之道」，〔註 38〕這就說明標誌著原始道教走向成熟的太平道和五斗米道也是以黃老崇拜爲核心信仰的宗教集團。原始道教不僅流行於民間社會，它在上層社會也同樣極爲流行。據《後漢書・楚王英傳》記載：「楚王誦黃老之微言，尙浮屠之仁祠。」〔註39〕《後漢書・桓帝紀》曰：「（延熹）八年春正月，遣中常侍左悺之苦縣，祠老子。十一月，使中常侍管霸之苦縣，祠老子。」〔註 40〕《後漢書・祭祀志》曰：「桓帝即位十八年，好神仙事。延熹八年，初使中常侍之陳國苦縣祠老子。九年，親祠老子於濯龍。文罽爲壇，飾淳金釦器，設華蓋之坐，用郊天樂也。」〔註41〕《後漢書・襄楷傳》曰：「又聞宮中立黃老、浮屠之祠。此道清虛，貴尙無爲，好生惡死，省慾去奢。」〔註 42〕由此可見，在漢代上層社會的宗教信仰中，也同樣以黃帝、老子爲崇拜對象。在原始道教發展史上，有一個由黃老並重到以老子爲獨尊的發展過程，到東漢中後期，老子逐漸躍居爲原始道教的最高主神。章帝時期益州太守王阜所作《老子聖母碑》云：「老子者，道也。乃生於無形之先，起於太初之前，行於太素之元。浮遊六虛，出入幽冥。觀混合之未別，窺清濁之未分。」〔註 43〕把老子的地位提升到了

〔註34〕　李申：《黃老、道家即道教論》，《世界宗教研究》1999 年第 2 期。
〔註35〕　姜生：《道教尚黃考》，《中國哲學史》1996 年第 1～2 期。
〔註36〕　王育成：《東漢天帝使者類道人的與道教起源》，陳鼓應主編：《道家文化研究》
　　　　　第十六輯，北京：三聯書店，1999 年，第 201 頁。
〔註37〕　《後漢書》卷七十一《皇甫嵩傳》，北京：中華書局，1965 年，第 2299 頁。
〔註38〕　《漢天師世家》，《道藏》第 34 冊，第 820 頁。
〔註39〕　《後漢書》卷四十二《楚王英傳》，北京：中華書局，1965 年，第 1428 頁。
〔註40〕　《後漢書》卷七《桓帝紀》，北京：中華書局，1965 年，第 313 頁。
〔註41〕　《後漢書・祭祀志中》，北京：中華書局，1965 年，第 3188 頁。
〔註42〕　《後漢書》卷三十《襄楷傳》，北京：中華書局，1965 年，第 1082 頁。
〔註43〕　《全後漢文》卷三十二，載（清）嚴可均輯：《全上古三代秦漢三國六朝文》，
　　　　　北京：中華書局，1985 年，第 652 頁。

與道同體的高度。《太平經》曰：「長生大主號太平眞正太一妙氣，皇天上清金闕後聖九玄帝君，姓李，是高上太一之胄，玉皇虛無之胤。」〔註44〕可見老子也是太平道尊奉的最高神。〔註45〕五斗米道更加推崇老子的神格地位，《老子想爾注》曰：「一者道也，今在人身何許？守之云何？一不在人身也，諸附者悉世間常僞伎，非眞道也；一在天地外，入在天地間，但往來人身中耳，都皮裏悉是，非獨一處。一散形爲氣，聚形爲太上老君，常治崑崙，或言虛無，或言自然，或言無名，皆同一耳。」〔註46〕至此，老子正式被尊奉爲大道化身的人格化神明，成爲原始道教的教祖和最高主神。原始道教既然以老子爲主神，而西王母信仰則以西王母爲主神。因此，原始道教在不斷抬高老子的地位的同時，有意疏離西王母信仰，也是合乎其自身發展要求的正常選擇。

其次，原始道教運動往往有較爲強烈的社會指向，無論是太平道的「興致太平」，還是五斗米道的「以鬼道教民」，都有明確的政治訴求，而西王母信仰則並不關注現實社會，這恐怕也是原始道教疏離西王母信仰的原因之一。

再次，西王母信仰和原始道教雖然都信奉神仙思想，但是西王母信仰更多反映的是一種希望死後升仙的宗教願景，而原始道教強調的則是修道成仙，其「基本目的是成仙，……而墓葬畫像的基本目的是爲死者布置一個理想化的死後世界」。〔註47〕漢代流行的西王母信仰認爲居住在崑崙山上的西王母是長生不死之藥的掌管者，但是，原始道教則認爲不死藥存放在天上，並非由西王母掌管。獲得仙藥的最佳途徑是修道積善，而不是去祈求西王母。例如《太平經》就聲稱「天上積仙不死之藥多少，比若太倉之粟」；「天上積奇方仙衣，乃無億數也，但人無大功，不可而得之耳」。〔註48〕因此，二者信奉的神仙思想之間其實有一定的距離。根據張勛燎的研究，原始道教雖然也信奉神仙思想，但是在現實的宗教實踐中，神仙思想在原始道教中遠沒有像後世那麼重要，注鬼說才是原始道教吸引信眾最重要的宗教思想。〔註49〕由

〔註44〕王明：《太平經合校》卷一至十七，北京：中華書局，1960年，第2頁。

〔註45〕李養正：《道教經史論稿》，北京：華夏出版社，1995年，第259頁。

〔註46〕饒宗頤：《老子想爾注校證》，上海：上海古籍出版社，1991年，第12頁。

〔註47〕巫鴻：《漢代道教美術試探》，見氏著《禮儀中的美術——巫鴻中國古代美術史文編》，鄭岩等譯，北京：三聯書店，2005年，第456頁。

〔註48〕王明：《太平經合校》，北京：中華書局，1997年，第138、139頁。

〔註49〕張勛燎、白斌：《東漢墓葬出土解注器和天師道的起源》，《中國道教考古》第1冊，北京：線裝書局，2006年。

此可見，西王母信仰和原始道教在宗教取向方面也有較大差異，這恐怕是原始道教有意疏離西王母信仰的另外一個重要原因。

此外，原始道教反對偶像崇拜。根據道教的說法，「『道』是超越形、體的概念，不可能成爲藝術描繪的對象，更不可能用人的形象來表現」。〔註50〕《老子想爾注》曰：「道至尊，微而隱，無狀貌形象也；但可從其誡，不可見知也。今世間僞伎指形名道，令有服色名字、狀貌、長短，非也，悉耶僞耳」；「道眞自有常度，人不能明之，必復企慕，世間常僞伎，因出教授，指形名道，令有處所，服色長短有分數。」〔註51〕按照原始道教的觀念，凡是偶像化的宗教崇拜，均屬「世間僞伎」，而漢代流行的西王母信仰則已表現出非常明顯的偶像崇拜的特徵，〔註52〕因此，反對偶像崇拜的原始道教疏離甚至排斥西王母信仰，自是必然之勢。

雖然出於各種原因，原始道教對西王母信仰持一種有意疏離的態度，但是，具有廣泛群眾基礎的西王母信仰，對道教的發展來說，無疑是一種非常重要的潛在資源，對擴大道教的影響力也有著同樣重要的潛在價值。西王母信仰中所蘊含的神仙思想如果能夠得到合理的轉化，對道教思想的發展也必將會起到重大的裨益之功。因此，到魏晉時期，隨著原始道教向神仙道教的轉型，〔註53〕道教開始有意吸收並改造西王母信仰。從而，西王母信仰正式融入道教之中，成爲道教信仰的重要組成部分。

第二節　道教對西王母信仰的吸收與改造

魏晉南北朝是道教發展史上的重要轉折時期。在這個時期，道教逐漸擺脫了原始道教教團那種較爲強烈的政治干預意識，〔註54〕克服了具有極端化

〔註50〕巫鴻：《無形之神——中國古代視覺文化中的「位」與對老子的非偶像表現》，載《禮儀中的美術——巫鴻中國古代美術史文編》，鄭岩等譯，北京：三聯書店，2005年，第509頁。

〔註51〕饒宗頤：《老子想爾注校證》，上海：上海古籍出版社，1991年，第17、19頁。

〔註52〕巫鴻：《漢代道教美術試探》，載《禮儀中的美術——巫鴻中國古代美術史文編》，鄭岩等譯，北京：三聯書店，2005年，第469頁。

〔註53〕胡孚琛：《魏晉神仙道教》，北京：人民出版社，1989年，第34頁。

〔註54〕日本學者窪德忠認爲太平道和五斗米道還不能算是眞正的道教教團，只是後來道教教團的基礎；秋月觀暎則把五斗米道和太平道成爲「原始道教教團」。參閱〔日〕窪德忠：《道教史》，蕭坤華譯，上海：上海譯文出版社，1987年，第91頁；〔日〕福井康順等監修《道教》第一卷，朱越利譯，上海：上海古

傾向的反叛精神，並對道教中的巫術思想進行了批判和清理，〔註55〕開始爲
上層社會所接納，走向經教化發展道路。〔註56〕尤其是在東晉以後，隨著寇
謙之在北方推行以「清整道教」爲口號的宗教改革，以及葛洪、陸修靜、陶
弘景等道教大師在南方進行的總結整理道教的活動，道教的發展水平得到巨
大提升，甚至被一些學者認爲是道教形成的標誌。〔註57〕在這個時期，「道教
通過禮儀整備、組織重建和道法改革實現了由民間宗教向正統經教道教的轉
變，成爲區別於民間巫術的高級宗教」。〔註58〕主要活動於民間的原始道教向
正統經教道教轉變的過程中，道教在不斷提升自身理論水平，健全教團組織，
整備禮儀系統的同時，也在不斷吸收各種有利於自身發展的其他宗教信仰因
素，以擴充和提升道教的信仰內容和思想體系。在這個時期，道教開始主動
吸收自西漢以來就在民間具有廣泛影響的西王母信仰，並對其進行道教化改
造，西王母信仰從而正式融入道教之中，成爲道教信仰的重要組成部分。

　　促成道教主動吸收西王母信仰的最重要原因，恐怕在於魏晉以降原始道
教向神仙道教的轉型。原始道教雖然也信奉神仙思想，但是，在現實的宗教
實踐活動中，原始道教更注重的其實是驅鬼除邪，而不是修道成仙。近世出
土的漢代道教考古資料已經證明，當時活動於民間的天帝使者類道士施行的
道法主要是解除術或注鬼術，〔註59〕而五斗米道在當時甚至被認爲是「以鬼
道教民」的宗教。〔註60〕正史稱五斗米道爲「鬼道」，似乎是出於精英階層對
道教的蔑視和歪曲，但是考察道教自己的文獻卻可發現，其實當時道教也以
「鬼道」自居，在當時的道教中，注重「鬼」的因素遠遠超過注重「仙」的
因素。〔註61〕魏晉以降，隨著道教的轉型，神仙思想在道教中躍居於主導地
位。肇始於戰國時期的神仙思想可以說還只是一種散漫無序、缺乏理論根基

　　　　籍出版社，1990 年，第 29 頁。
〔註55〕 王承文：《東晉南朝之際道教對民間巫道的批判》，《中山大學學報》2001 年 4 期。
〔註56〕 李養正：《道教概說》，北京：中華書局，2001 年，第 72 頁。
〔註57〕 葛兆光：《中國思想史》第一卷，上海：復旦大學出版社，1998 年，第 468 頁。
〔註58〕 胡百濤：《六朝道教上清派存思道法研究——以〈上清大洞眞經〉爲中心》，
　　　　中國社科院 2013 年博士論文，第 1 頁。
〔註59〕 王育成：《東漢天帝使者類道人的與道教起源》，陳鼓應主編：《道家文化研究》
　　　　第十六輯，北京：三聯書店，1999 年，第 181～203 頁；張勳燎、白斌：《東
　　　　漢墓葬出土解注器和天師道的起源》，《中國道教考古》第 1 冊，北京：線裝
　　　　書局，2006 年。
〔註60〕 《三國志》卷八《張魯傳》，北京：中華書局，1959 年，第 263 頁。
〔註61〕 李晟：《仙境信仰研究》，成都：巴蜀書社，2010 年，第 62 頁。

的民間觀念。雖然原始道教也曾對神仙思想進行過一定程度地整理和發展，但是，直到魏晉以降，神仙思想才在道教中得到了系統的理論闡釋和進一步發展。晉人葛洪被視為神仙思想的集大成者，其原因正在於此。我們知道，西王母信仰的核心內容就是神仙思想，因此，對新興的神仙道教來講，西王母信仰無疑是其擴充自身信仰內容，擴大自身影響力的有利資源。於是，吸納西王母信仰也便成為神仙道教的必然選擇。當然，道教對西王母信仰並非簡單地吸收，而是一種創造性轉化。西王母信仰所信奉的神仙思想其實是神仙思想的一種「變體」，即死後升仙的仙境信仰。但是，西王母信仰被道教吸收之後，西王母主宰的仙境已不再是普通人死後可以進入的理想世界，而成了只有修道成仙者才能進入的神仙世界，這其實正是西王母信仰經過道教化改造最明顯的痕跡。

重視陰陽關係的協調，是道教最核心的觀念之一。因此，道教對女性的態度與歧視女性的其他宗教頗不相同。例如，《太平經》就認為：「天下失道以來，多賤女子，而反賊殺之，令使女子少於男。故使陰氣絕，不與天地法相應。天道法，孤陽無雙，致枯，令天不時雨。女者應地，獨見賤，天下共賤其真母，共賊害殺地氣，令使地氣絕也不生，地大怒不悅，災害益多，使王治不得平。」〔註62〕雖然認為輕賤女子是「天下失道」的表現，但是原始道教並不重視女性神靈。然而，在魏晉以降的道教中，尤其是在魏華存創立的上清派道教中，女性神靈的地位得到提升。西王母作為女性神靈，在漢代就已成為代表著「陰」的一極，因此，「東漢晚期已定型化的東、西二聖與陰、陽二聖，在道教文化形勢下開展新局，西王母與崑崙山的西方系仙境神話，較東方系更能契合道教新說。諸道派中主要是集中於上清經派，其他的天師道派或靈寶經派並未特別關注，其原因應與茅山降真集團的道法風格有關，在傳承漢人舊說的基礎上創造性轉化，注入新文化活力後改造為新神話，崑崙山被道教化，西王母也在江南地區被經派化」。〔註63〕此外，在六朝時期，西王母祠廟信仰在民間極為普及。李豐楙對西王母五女神話的研究表明，西王母廣收女兒的神話源自民間祠廟信仰，而上清派則在此種風尚之下，吸收並創造性轉化相關神話，締造了具有組織化特徵的西王母諸女譜系，從而實

〔註62〕王明：《太平經合校》，北京：中華書局，1997年，第34頁。

〔註63〕李豐楙：《王母、王公與崑崙、東華：六朝上清經派的方位神話》，載《仙境與遊歷：神仙世界的想像》，北京：中華書局，2010年，第122頁。

現了對西王母信仰的道教化改造。〔註 64〕可見，西王母信仰在民間的廣泛影響力也是促成其被道教吸收的重要原因。

西王母信仰融入道教，或者說被道教所吸收，西王母從而成爲道教諸神世界中重要的女仙，這一轉變約略發生在魏晉南北朝時期。〔註 65〕道教在吸收西王母信仰的同時，還對其進行了道教化改造，使其適應道教的理論，並將其創造性地轉化成了道教信仰。道教諸派對西王母信仰的道教化改造主要表現爲以下幾個方面：

一、對西王母出身及來歷的道教化闡釋

西王母自出現之始，便不詳其出身與來歷。僅有《穆天子傳》中，她自稱「我惟帝女」〔註 66〕。然而，「帝女」的身份也仍然極爲模糊，難以據此判定此神靈的具體出身和來歷。秦漢以降，西王母信仰盛極一時，在漢代畫像材料中，西王母的形象特徵已經非常清晰，但是僅僅依據畫像材料並不能判定西王母的出身和來歷；漢代文獻關於西王母的記載也沒有涉及到西王母的出身與來歷。

在所有的宗教中，賦予宗教崇拜對象以神聖的出身和來歷，是一種常見現象。對道教而言，「道」才是其始終不變的最高信仰和最高哲學範疇，〔註 67〕因此，道教在神化其崇拜對象時，往往把崇拜對象闡釋爲「大道」或「道氣」的化身。如早期天師道經典《老子想爾注》就認爲：「一者道也，……一散形爲氣，聚形爲太上老君，常治崑崙，或言虛無，或言自然，或言無名，皆同一耳。」〔註 68〕也就是說，天師道崇奉的主神太上老君是「大道」的化身，因而具有至高無上的神聖性。後世道經在神化其所奉神靈時也大都沿襲著這一思路，如《洞淵集》曰：

> 玉辰道君者，乃大道之化身也。言其有，不可以隨迎；謂其無，復存乎恍惚，所以不有而有，不無而無，視之無象，聽之無聲，於

〔註 64〕 李豐楙：《西王母五女神話的形成及其演變》，載《仙境與遊歷：神仙世界的想像》，北京：中華書局，2010 年，第 91 頁。

〔註 65〕 李豐楙：《西王母五女神話的形成及其演變》，載《仙境與遊歷：神仙世界的想像》，北京：中華書局，2010 年，第 82 頁。

〔註 66〕 《穆天子傳》卷三，《漢魏六朝筆記小說大觀》，上海：上海古籍出版社，1999年，第 14 頁。

〔註 67〕 陳兵：《道教之道》，《哲學研究》1988 年第 1 期。

〔註 68〕 饒宗頤：《老子想爾注校證》，上海：上海古籍出版社，1991 年，第 12 頁。

妙有妙無之間大道存焉。〔註69〕

《道教三洞宗元曰》：

> 原夫道家由肇，起自無先，垂跡應感，生乎妙一。從乎妙一，
> 分爲三元。又從三元，變成三氣。又從三氣，變生三才。三才既滋，
> 萬物斯備。其三元者，第一混洞太無元，第二赤混太無元，第三冥
> 寂玄通元。從混洞太無元化生天寶君，從赤混太無元化生靈寶君，
> 從冥寂玄通元化生神寶君。〔註70〕

《上清靈寶大法》曰：

> 天尊者，極道之宗元，挺生自然，消則爲炁，息則爲形，不無
> 不有，非色非空，不終不始，永存綿綿。居上境爲萬天之元，居中
> 境爲萬化之根，居下境爲萬化之尊，無名可宗，強名曰天尊。蓋世
> 人尊之如天，仰之則彌高，攀之則無階，杳杳冥冥，不可以理究，
> 不可以言筌，不可以階升，不可以壽紀。生萬物而不爲主宰，御萬
> 化而不爲言，至尊至極，故曰天尊也。〔註71〕

甚至在道教的仙境信仰中，仙境也被認爲是由「道」乘運化分形而生，比如
唐代道士司馬承禎在《天地宮府圖序》中就聲稱：「道本虛無，因恍惚而有物；
氣元沖始，乘運化而分形。精象玄著，列宮闕於清景；幽質潛凝，開洞府於
名山。」〔註72〕《太真科》則認爲：「妙氣本一，唯此大羅生玄元始三氣，化
爲三清天也。一曰清微天玉清境，始氣所成；二曰禹餘天上清境，元氣所成；
三曰大赤天太清境，玄氣所成。」〔註73〕亦即是說，道教的洞天福地仙境和
三清天仙境，也都是自「大道」化生而出的神聖世界。

　　道教以「道」爲最高信仰，因而，道教尊神皆是「大道」之化身。當西
王母信仰被道教吸收之後，以「道氣化生」說闡釋西王母的出身和來歷，對
西王母信仰進行道教化改造，賦予西王母以具有道教特徵的神聖性，自是合
乎道教自身發展規律之舉。現存最早以「道氣化生」說解釋西王母來歷的記
載似乎應當出自題名爲漢人桓麟所著的《西王母傳》。桓麟《西王母傳》見錄

〔註69〕《洞淵集》卷一，《道藏》23冊，第836頁。
〔註70〕《道教三洞宗元》，《雲笈七籤》卷三，北京：中華書局，2010年，第34頁。
〔註71〕《上清靈寶大法》卷二二引杜光庭語，《道藏》31冊，第478頁。
〔註72〕（唐）司馬承禎：《天地宮府圖》，《雲笈七籤》卷二十七，北京：中華書局，
　　　　2010年，第608頁。
〔註73〕《道教義樞》卷七引《太真科》，《道藏》第24冊，第829頁。

於元人陶宗儀所撰《說郛》，[註74] 但是，此篇文字與《雲笈七籤》本《墉城集仙錄·西王母傳》幾乎完全相同，譚正璧早已質疑其偽。[註75] 桓麟《西王母傳》恐怕是後人偽託之作，不可輕易憑信。因此，最早把西王母說成是「大道」化身的文獻當是被柳存仁稱作道教「創世紀」的《元始上眞眾仙記》。[註76] 《元始上眞眾仙記》由葛洪《枕中書》和《眾仙記》兩部分構成，「《眞書》曰」以下方是《眾仙記》。[註77] 《眞書》曰：

> 昔二儀未分，溟涬鴻蒙未有成形，天地日月未具，狀如雞子，混沌玄黃，已有盤古眞人，天地之精，自號元始天王，遊乎其中。……元始天王在天中心之上，名曰玉京山。山中宮殿並金玉飾之。常仰吸天氣，俯飲地泉，復經二劫，忽生太元玉女，在石澗積血之中，出而能言，人形具足，天姿絕妙，常遊厚地之間，仰吸天元，號曰太元聖母。元始君下游見之，乃與通氣結精，招還上宮。當次之時，二氣絪緼，覆載氣息，陰陽調和，無熱無寒，天得一以清，地得一以寧……元始君經一劫，乃一施，太元聖母生天皇十三頭，治三萬六千歲，書爲扶桑大帝東王公，號曰元陽父；又生九光玄女號曰太眞西王母，是西漢婦人。……西漢九光夫人始陰之氣，治西方，故曰木公金母，天地之尊神，元氣煉精，生育萬物，調和陰陽，光明日月，莫不由之。[註78]

據《元始上眞眾仙記》之說，西王母雖屬「始陰之氣」，但卻是元始天王施氣於太元聖母所生，並不是從大道之氣直接化生而來的神靈。大約成書於東晉後期的《老子中經》[註79] 則直接宣稱「西王母者，太陰之元氣也」，

[註74] （元）陶宗儀：《說郛》一百二十卷本，載《說郛三種》，上海：上海古籍出版社，1988年，第5212～5214頁。

[註75] 譚正璧：《幾部著名神仙書的作者》，載《西王母文化研究集成論文卷》上卷，桂林：廣西師範大學出版社，2008年，第7頁。原載譚正璧編：《中國小說發達史》，上海：上海光明書局，1935年。

[註76] 柳存仁：《道教前史二章》，載《道教史探源》，北京：北京大學出版社，2000年，第7～14頁。

[註77] 王卡：《元始天王與盤古開天闢地》，載氏著《道教經史論叢》，成都：巴蜀書社，2007年，第71～72頁。石衍豐：《枕中書及其作者》，《宗教學研究》1986年第2期。

[註78] 《元始上眞眾仙記》，《道藏》第3冊，第269～270頁。

[註79] 關於《老子中經》的成書年代眾說紛紜，筆者接受劉屹的觀點，認爲《老子中經》當是葛洪《抱朴子內篇》之後東晉時期的作品。可參閱劉屹：《神格與

〔註 80〕由此可見，最晚在南北朝時期，西王母就已被道教認爲是「道氣」中代表「陰」的一極的「太陰元氣」之化身。這種觀念在南北朝時甚爲流行，唐末道士杜光庭總結眾說，〔註 81〕作《墉城集仙錄・金母元君傳》曰：「金母元君者，九靈太妙龜山金母也。一號太靈九光龜臺金母，一號曰西王母，乃西華之至妙洞陰之極尊。在昔道炁凝寂，湛體無爲，將欲啓迪玄功，生化萬物……以西華至妙之氣，化而生金母焉。」〔註 82〕至此，西王母是由代表「陰」的「西華至妙之氣」化生而來之說正式定型，對西王母出身和來歷的道教化改造也宣告完成。

二、道教存思修煉中的西王母

存思是道教修煉中一種重要的修道方術。〔註 83〕從本質上來看，存思實際上是冥想的一種，《莊子》中所謂「坐忘」、「心齋」，其實已具冥想的特徵，但是卻沒有宗教化的冥想對象，因而還不能算作存思。以神靈爲冥想對象，可以說是道教存思方術最基本的特徵。儘管冥想對象有身內神與身外神之別，但是必須要有作爲神靈的冥想對象，則是道教存思修煉的必備條件。在原始道教階段，道教中既已出現存思修煉方術，《太平經》曰：

> 使空室內傍無人，畫像隨其藏色與四時氣相應，懸之窗光之中而思之。上有藏象，下有十鄉，臥則念以懸象，思之不止，五藏神能報二十四氣，五行神且來救助，萬疾皆愈。男思男，女思女，皆以一尺爲法，隨四時轉移。春，青童子十；夏，赤童子十；秋，白童子十；冬，黑童子十；四季，黃童子十二。〔註 84〕

地域——漢唐間道教信仰世界研究》，上海：上海人民出版社，2011 年，第74～75 頁。

〔註 80〕（宋）張君房：《雲笈七籤》卷十八《老子中經》，北京：中華書局，2010 年，第 420 頁。

〔註 81〕李劍國考辨《金母元君傳》的資料來源，認爲雜取了《神異經》、《十洲記》、《竹書紀年》、《大戴禮記》、《山海經》、《世本》、《黃帝出兵訣》、《黃帝玄女戰法》、《尚書帝驗期》、《洛書》、《穆天子傳》、《真誥》、《漢武內傳》等十三種古籍中的資料。參閱李劍國：《唐五代志怪傳奇敘錄》，天津：南開大學出版社，1992 年，第 1062～1063 頁。

〔註 82〕（唐）杜光庭：《墉城集仙錄》卷一《金母元君傳》，《道藏》第 18 冊，第 168 頁。

〔註 83〕關於存思最新的也是具有較高學術價值的研究成果當數胡百濤的《六朝道教上清派存思道法研究——以〈上清大洞真經〉爲中心》，中國社科院 2013 年博士論文，可參閱。

〔註 84〕王明：《太平經合校》，北京：中華書局，1997 年，第 14 頁。

《太平經》雖然推崇存思之術，但是五斗米道對此卻似乎持批判態度，斥之為「世間僞伎」，《老子想爾注》云：

> 道至尊，微而隱，無狀貌形象也；但可從其誡，不可見知也。今世間僞伎指形名道，令有服色名字、狀貌、長短，非也，悉耶僞耳。〔註85〕

> 道眞自有常度，人不能明之，必復企慕，世間常僞伎，因出教授，指形名道，令有處所，服色長短有分數，而思想之，苦極無福報，此虛詐耳。〔註86〕

《老子想爾注》對存思術的指責，主要針對存思術把「道」具象化或者偶像化的傾向而發，其主旨在於強調「道」作為「微而隱，無狀貌形象」的超越性存在的特徵，而不是認為所有神靈都不可以有形象。因此，《老子想爾注》也並不見得就對存思術持徹底的否定態度。實際上，漢晉時期的道教都比較重視存思修煉，即使激烈批評道教中混雜的各種所謂邪僞之術的葛洪，也不排斥存思修煉之術。《抱朴子內篇》卷十八《地眞篇》即云：

> 子欲長生，守一當明；思一至饑，一與之糧；思一至渴，一與之漿。一有姓字服色，男長九分，女長六分，或在臍下二寸四分下丹田中，或在心下絳宮金闕中丹田中也，或在人之兩眉間，卻行一寸為明堂，二寸為洞房，三寸為上丹田也。〔註87〕

存思修煉之術在道教中極為流行，存思術又以神靈為存思對象。也許正是因為這個原因，當西王母信仰被道教吸收之後，西王母也被轉化為道教修煉者的存思對象。以西王母為存思對象最重要的道書是《老子中經》，《老子中經·第三神仙》曰：

> 東王父者，青陽之元氣也。衣五色朱衣，冠三縫之冠。……太清鄉東明里西王母字偓昌，在目為日月，左目為日，右目為月，目中童子字英明，王父在左目，王母在右目，童子在中央，兩目等也。兆欲修眞，當念東王父西王母正在頭上，有三人並立，乃合日月精光下，念紫房太一、絳宮黃庭、太淵丹田。行其眞氣五周，施於腹中；復行氣十二周，施於一身中。〔註88〕

〔註85〕饒宗頤：《老子想爾注校證》，上海：上海古籍出版社，1991年，第17頁。
〔註86〕饒宗頤：《老子想爾注校證》，上海：上海古籍出版社，1991年，第19頁。
〔註87〕王明：《抱朴子內篇校釋》，北京：中華書局，1985年，第323頁。
〔註88〕（宋）張君房：《雲笈七籤》卷十八《老子中經》，北京：中華書局，2010年，

《老子中經·第四神仙》曰：

　　　　西王母者，太陰之元氣也。姓自然，字君思。下治崑崙之山，
　　金城九重，雲氣五色，萬丈之巔。上治北斗華蓋紫房北辰之下。人
　　亦有之，在人右目之中，姓太陰，名玄光，字偃玉。人須得王父王
　　母，護之兩目，乃能行步，瞻視聰明，別知好醜，下流諸神，如母
　　念子，子亦念母也。精氣相傳，萬世長存。夫人兩乳者，萬神之精
　　氣，陰陽之津沕也。左乳下有日，右乳下有月，王父王母之宅曳上治
　　目中，戲於頭上，止於乳下，宿於絳宮紫房，此陰陽之氣也。〔註89〕

據此可知，西王母與東王公居於人之左右二目，西王母「在人右目之中」。在
《老子中經》中，作爲存思對象的西王母，實際上已經由外部大宇宙中的身
外神轉化爲人體內部小宇宙中的身內神。據施舟人的研究，《老子中經》原版
中還配有「神仙圖」或「神仙玄圖」，〔註90〕可見該書所述存思術和《太平經》
中的「懸象思神」之術一脈相承。

　　不過，在道教的存思修煉中，西王母的地位並不重要，《老子中經》之外，
很少有道書把西王母作爲存思對象。東晉以降，存思術經上清派的提倡盛行
一時，但是在上清派經典中，以西王母爲存思對象的記載並不多見。《上清大
洞眞經》第三十九章曰：「九靈通妙化，金仙混扶桑，帝一變日神，合靈西丹
皇，上爲胎仙母，下號理神宗。」〔註91〕其中，「九靈」、「金仙」指的應該是
西王母，然而，此經中跟西王母有關的記錄僅此一見，說明這條記錄反映的
只是以西王母爲存思對象在上清派存思術中殘留的痕跡。《雲笈七籤》卷四十
二《存思大洞眞經》所記存思右目之神爲「右目童子晨嬰」，〔註92〕此經題名
下小字注文云：「出三十九章經。」〔註93〕《上清大洞眞經》又名《三十九章
經》，《雲笈七籤》引文應是《上清大洞眞經》的佚文，可見上清派的首經《上

　　　第 419 頁。

〔註89〕　（宋）張君房：《雲笈七籤》卷十八《老子中經》，北京：中華書局，2010 年，
　　　第 420 頁。

〔註90〕　〔荷蘭〕施舟人：《老子中經初探》，陳鼓應主編《道家文化研究》第十六輯，
　　　北京：三聯書店，第 207 頁。

〔註91〕　《上清大洞眞經》卷六，《道藏》第 1 冊，第 553 頁。

〔註92〕　（宋）張君房：《雲笈七籤》卷四十二《存思大洞眞經》，北京：中華書局，
　　　2010 年，第 935 頁。

〔註93〕　（宋）張君房：《雲笈七籤》卷四十二《存思大洞眞經》，北京：中華書局，
　　　2010 年，第 913 頁。

清大洞眞經》已不再把西王母作爲存思的右目之神。到了《黃庭經》等闡發存思修煉之術的著名道經中，存思對象中再沒有出現過西王母。由此可見，把西王母轉化爲存思對象的身內神，雖然也是對西王母信仰進行道教化改造的一種做法，但在西王母信仰的道教化過程中並不占主流。

三、作爲傳經之師的西王母

道教以道、經、師爲三寶。道是最高信仰，經是道的顯化或載體，具有濟世度人的神聖功能，〔註94〕師則是經的傳授者。道是超越性存在，只有憑藉經才能體道、修道、得道，因而，道教極爲強調傳授道經的重要性，甚至道士的法位階品亦與其所受道經的品次相對應。〔註95〕在道教的觀念中，道經是大道的顯化，並非凡人的創作，因而具有與道相同的神聖地位。道教論道經的緣起，大體有以下二說：

1. 道經是由道氣化生

《雲笈七籤》曰：「尋道家經誥，起自三元，從本降跡，成於五德，以三就五，乃成八會，其八會之字，妙氣所成，八角垂芒，凝空雲篆，太眞按筆，玉妃拂席，黃金爲書，白玉爲簡，祕於諸天之上，藏於七寶玄臺，有道即見，無道即隱。蓋是自然天書，非關倉頡所作。」〔註96〕

《三皇經》曰：「皇文帝書，皆出自然，虛無空中，結氣成字，無祖無先，無窮無極，隨運隱見，綿綿常存。」〔註97〕

《諸天內音玉字》曰：「天書玉字，凝飛玄之氣以成。」〔註98〕

《九天生神章經》：「三洞飛玄之炁，三合成音，結成靈文，混合百神隱韻內名，生炁結形，自然之章。」〔註99〕

〔註94〕 參閱拙文《道教文字觀與書法藝術》，《中國道教》2004 年第 6 期。

〔註95〕 〔日〕小林正美：《唐代的道教與天師道》，王皓月、李之美譯，齊魯書社，2013 年，第 70～96 頁。

〔註96〕 （宋）張君房：《雲笈七籤》卷三《道教所起》，北京：中華書局 2010 年，第 32 頁。

〔註97〕 （宋）張君房：《雲笈七籤》卷七引《三皇經》，北京：中華書局 2010 年，第 118 頁。

〔註98〕 《太上靈寶諸天內音自然玉字》，《道藏》第 2 冊，第 532 頁。

〔註99〕 《洞玄靈寶自然九天生神章經》，《道藏》第 5 冊，第 844 頁。

《上清元始變化寶眞上經》:「上清寶書,以九天建立之始,皆自然而生,與氣同存。」〔註100〕

2. 道經是道教尊神所說或所撰

《太上老君開天經》曰:「老君從虛空而下,爲太初之師,口吐《開天經》一部,四十八萬卷,一卷有四十八萬字,一字闊方一百里,以教太初。」〔註101〕

《道教義樞》曰:「其洞眞是天寶君所出,玉緯引《正一經》云:元始高上玉帝,稟承自然玄古之道,撰出上清寶經三百卷,玉訣九千篇,符圖七千章。」〔註102〕

《道教三洞宗元》曰:「天寶君說十二部經,爲洞眞教主;靈寶君說十二部經,爲洞玄教主;神寶君說十二部經,爲洞神教主。」〔註103〕

道經既然不是世間凡人所能創製,因而也非人間之書,均秘藏於天宮仙府之中。《一切道經音義》引《常住鎭經目》和《遁甲開山圖》曰:

《常住鎭經目》云:三洞三十六部眞經,都合二百六十二萬八千二百二十卷,祕在三清之境,玄臺之上,大有紫微太極三宮之中,煥然朗曜。各有仙童玉女三千萬人常燒香散花。《遁甲開山圖》所記云:名山石室,藏道經有三十二處所。其十九室有經一百六十九萬五千八百三十一卷。其六室有經一萬二千二百三篇,不名卷數。其六室有經,直標名目,不說卷數。其一室有奇經妙圖、黃老發命、河洛之文,不可稱計。〔註104〕

道經雖然不是人間之書,但是道經的宗教功能卻指向人間,旨在濟世度人。《道藏尊經歷代綱目》曰:「天尊哀憫,大開方便之門,下民失道,受苦無邊,乃演道爲經,談玄立教。」〔註105〕可見,天尊「演道爲經」的目的是濟度「下民」。《隋書‧經籍志》引道經之說云:

〔註100〕《上清元始變化寶眞上經》,《道藏》第34冊,第600頁。

〔註101〕《太上老君開天經》,《道藏》第34冊,第618頁。

〔註102〕《道教義樞》卷二《三洞義》,《道藏》第24冊,第813頁。

〔註103〕(宋)張君房:《雲笈七籤》卷三《道教三洞宗元》,北京:中華書局,2010年,第35頁。

〔註104〕《一切道經音義妙門由起》,《道藏》第24冊,第733頁。

〔註105〕《道藏闕經目錄》卷下《道藏尊經歷代綱目》。

有元始天尊，生於太元之先，稟自然之氣，沖虛凝遠，莫知其極。……每至天地初開，或在玉京之上，或在窮桑之野，授以祕道，謂之開劫度人。……所說之經，亦稟元一之氣，自然而有，非所造爲，亦與天尊常在不滅。天地不壞，則蘊而莫傳，劫運若開，其文自見。……天尊之開劫也，乃命天眞皇人，改轉天音而辯析之。自天眞以下，至於諸仙，展轉節級，以次相授。諸仙得之，始授世人。〔註106〕

元始天尊演說道經意在開劫度人，道經需在諸仙之間「展轉節級，以次相授」，「始授世人」之後，才能實現其濟世度人的目的。因而，天上的道經必須經由仙人傳授方能下降於人間。西王母信仰在魏晉六朝時期被道教吸收之後，西王母便被轉化爲一位傳授道經的重要仙眞。道教選擇西王母爲傳經之世，其實亦淵源有自，在漢代緯書中既有西王母傳書之說。《龍魚河圖》曰：

帝伐蚩尤，乃睡夢西王母遣道人，披玄狐之裘，以符授之曰：太乙在前，天乙備後，河出符信，戰則克矣。黃帝寤，思其符，不能悉怛，以告風后、力牧。曰：此兵應也，戰必自勝。力牧與黃帝俱到盛水之側，立壇，祭以太牢。有玄龜銜符出水中，置壇中而去。黃帝再拜稽首，授符視之，乃夢中所得符也，廣三寸，袤一尺。於是黃帝佩之以征，即日擒蚩尤。〔註107〕

《尚書帝驗期》曰：

王母之國在西荒，凡得道受書者，皆朝王母於崑崙之闕。王褒字子登，齋戒三月，王母授以《瓊花寶曜七晨素經》。茅盈從西城王君，詣白玉龜臺，朝謁王母，求長生之道。王母授以玄眞之經，又授寶書。〔註108〕

《龍魚河圖》中西王母遣道人傳授給黃帝的是兵符，還不是道經。但是，在《尚書帝驗期》中，西王母所授之書儼然已是純正的道經，其中甚至還出現了王褒、茅盈、西城王君等後世上清派所奉仙眞。

〔註106〕《隋書》卷三十五《經籍志四》，北京：中華書局，1973年，第1092頁。

〔註107〕〔日〕安居香山、中村彰八輯：《緯書集成》，石家莊：河北人出版社，1994年，第1150頁。

〔註108〕〔日〕安居香山、中村彰八輯：《緯書集成》，石家莊：河北人出版社，1994年，第387頁。

　　以西王母爲至關緊要的經法傳授者，多見於六朝上清派經典之中。〔註109〕六朝道教奉西王母爲傳經之師，可能跟她與元始天王的特殊關係有關。依《元始上眞眾仙記》之說，西王母是元始天王施氣於太元聖母所生，但是更多的道經則認爲元始天王與西王母是師徒關係。例如，《無上秘要》：「元始天王，此蓋太清元始天中之王，西王母初學道之師。」〔註110〕《洞眞太上太霄琅書》：「昔太眞王母、東華青童、元始天王，皆太上弟子。」〔註111〕《雲笈七籤》：「西王母初學道，詣元始天王。」〔註112〕在《洞玄靈寶眞靈位業圖》中，元始天王排在第四中位之左位，陶弘景注云「西王母之師」。〔註113〕西王母既爲元始天王之弟子，自然是元始天王傳經的對象。如上清派在敘述其最重要的經典《大洞眞經》的來歷時就聲稱：

　　　　故三十九章者，乃九天之奇訣，上元太素君金書之首經也。一名《三天龍書》，一名《九天太眞道經》。此經之作，乃自玄微十方，元始天王所運炁撰集也。西王母從元始天王受道，乃共刻北元天中錄那邪國，靈鏡人鳥之山，闇萊之岫，乃於虛室之中，聚九玄正一之炁，結而成書，字徑一丈，於今存焉。〔註114〕

西王母受經於元始天王之說，亦見於其他道書。如《雲笈七籤》：「元始天王告西王母云：『《太上紫微金格玉書》、《靈寶眞文》十部妙經，太上所祕，不盡傳世。王母所得，詎已極源；五嶽所藏，亦多不備。』」〔註115〕《靈書經》：「元始以龍漢之年撰十部經，告西母曰：『太上紫微宮中，金格玉書靈寶眞文篇目有妙經，其篇目今以相示，皆刻金爲字，書於玉簡，題其篇目於紫微宮南軒。太玄都玉京山亦具記其文。』」〔註116〕根據有些上清派經典的說法，西王母還參與了道經繕寫，如《太眞玉帝四極明科經》：「太上告金闕帝君，使

〔註109〕李豐楙：《王母、王公與崑崙、東華：六朝上清經派的方位神話》，載《仙境與遊歷：神仙世界的想像》，北京：中華書局，2010年，第147頁。
〔註110〕《無上秘要》卷八十四《得太清道人名品》，《道藏》第25冊，第241頁。
〔註111〕《洞眞太上太霄琅書》卷十，《道藏》第33冊，第697頁。
〔註112〕《雲笈七籤》卷八十《符圖部・元覽人鳥山形圖》，北京：中華書局2010年，第1838頁。
〔註113〕王家葵：《眞靈位業圖校理》，北京：中華書局，2013年，第144頁。
〔註114〕《上清大洞眞經序》，《道藏》第1冊，第512頁。
〔註115〕（宋）張君房：《雲笈七籤》卷六《三洞經教部》，北京：中華書局2010年，第94頁。
〔註116〕（宋）李昉：《太平御覽》卷六百七十三引《靈書經》，北京：中華書局，1960年，第3001頁。

命九靈玉妃鑄金爲簡，編以白銀；使龜母按筆，太眞撫筵，紫晨散香，太華執巾，清齋紫房，以繕玉篇，請以雲錦之囊，封以丹青之章。」〔註117〕有些上清經則並不認爲西王母受經於元始天王，如《上清黃氣陽精三道順行經》：「如是靈經生於太空之內，書於玄圃之上、積石之陰、金堂玉室之裏，靈文煥曜，紫字鬱霄；神童翼靈，玉女散香，各三千人，侍衛神眞。南極上元君受之高上，投盟於太空，以傳太微天帝君，天帝君傳西龜王母，王母傳金闕帝君，帝君以付上相青童君，使授後學得爲眞人者。」〔註118〕

西王母既然得受眞經，自然有傳授道經於世間修道之人的責任。據上清派仙傳《太元眞人傳》之說，上清派仙眞茅盈曾隨西城王君至龜山見王母，「王母曰：『子心至矣！吾昔先師元始天王及皇天扶桑大帝君見遺以要言，汝願聞之耶？』於是口告盈以《玉珮金璫之道》、《太極玄眞之經》。」〔註119〕據此可知，西王母當是上清派最重要的傳經之師。講述西王母傳經於世人最出名的文獻當屬《漢武內傳》。《漢武內傳》雖然被今人視爲小說，但此傳絕非普通文人所能造作。李豐楙先生認爲：「《漢武內傳》既是屬於道教類的宗教文學，顯非一般能文之士所能造構；而是在道教形成時期，道教中人基於一種特殊的宗教動機，因而巧妙融合多種不同來源的材料，重新組合成一部雜傳體小說。」據李豐楙考證，此傳多有抄襲《茅君內傳》、《洞眞太上說智慧消魔眞經》等上清派道經之處，應是上清派道士所構造。〔註120〕據《漢武內傳》之說，西王母、上元夫人曾向漢武帝傳授《靈光生經》、《五嶽眞形圖》、《六甲靈飛十二事》等道經。〔註121〕

六朝時期，道教諸派大量構造道經。爲抬高本派新造道經的神聖性，各派均宣揚本派經書是仙眞所授。除上清派之外，靈寶、三皇等經派也以西王母爲傳經之師。比如，靈寶派道經《元始五老赤書玉篇眞文天書經》在解釋「九天玉眞長安神飛符」與「三天眞生神符」的來歷時說：「二符，太上大道

〔註117〕《太眞玉帝四極明科經》卷一，《道藏》第 3 冊，第 415 頁。

〔註118〕《上清黃氣陽精三道順行經》，《道藏》第 1 冊，第 831 頁。

〔註119〕（宋）張君房：《雲笈七籤》卷一百四《太元眞人東嶽上卿司命眞君傳》，北京：中華書局，2010 年，第 2257 頁。

〔註120〕李豐楙：《〈漢武內傳〉研究》，載《仙境與遊歷：神仙世界的想像》，北京：中華書局，2010 年，第 179、181～203 頁。

〔註121〕《漢武內傳》，載《漢魏六朝筆記小說大觀》，上海：上海古籍出版社，1999年，第 140～161 頁。

君受於元始天尊，以傳西王母。」〔註122〕《太上洞玄靈寶諸天內音自然玉字》
申述此經來歷時說：「西王母以上皇元年七月丙午，於南浮洞室下教，以授清
虛眞人王君，傳於禹，封於南浮洞室石磧之中。大劫交運，當出於世，以度
得道之人。」〔註123〕三皇派道經《洞神八帝妙精經》亦稱三皇文乃「王母之
所貴玩」。〔註124〕由此可見，以王母爲傳經之師，在道教中是很普遍的現象。

四、西王母的治所與職司

仙境信仰是道教最核心的信仰之一，正如李養正先生曾經指出的那樣，
「對神仙世界的信仰與嚮往，乃是道教信仰的基礎……自然也是道教徒不容
惑疑的根本教義」。〔註125〕最晚在東漢早期，西王母神話就與崑崙神話融合，
緯書中已出現「西王母居崑崙之山」〔註126〕的說法，墓葬圖像中西王母已成
爲崑崙山的主人。在當時民間流傳甚廣的西王母信仰中，崑崙山是最重要的
仙境，西王母則是崑崙仙境的唯一主宰者。然而，兩漢時期以西王母爲主神
的崑崙仙境信仰，一則尚屬死後升入的理想世界；再則，崑崙山僅以簡單的
圖像形式呈現，尚未具備後世道教信仰的仙境的各種特徵。因此，在兩漢時
期崑崙山爲西王母治所雖然已經成爲共識，但是此一時期的崑崙仙境還不能
算是的道教意義上的仙境。由於原始道教對西王母信仰持一種疏離態度，儘
管原始道教也認爲修道之人「命屬崑崙」，〔註127〕卻並不認爲崑崙山是西王母
的治所。魏晉以降，隨著道教對西王母信仰的吸收與涵化，崑崙仙境被增飾
了越來越濃厚的道教特徵，西王母也被創造性轉化爲道教仙眞，西王母掌管
的崑崙仙境也逐漸被改造爲道教的仙境。

在《山海經》中，崑崙被描述爲「帝之下都」〔註128〕，「崑崙之虛，方
八百里，高萬仞，上有木禾，長五尋，大五圍。面有九井，以玉爲檻。面有
九門，門有開明獸守之，百神之所在」，〔註129〕仙境的特徵還不明顯。《淮南

〔註122〕《元始五老赤書玉篇眞文天書經》中卷，《道藏》第 1 冊，第 789 頁。
〔註123〕《太上洞玄靈寶諸天內音自然玉字》卷四，《道藏》第 2 冊，第 563 頁。
〔註124〕《洞神八帝妙精經》，《道藏》第 11 冊，第 390 頁。
〔註125〕李養正：《道教概說》，北京：中華書局，1989 年第 237 頁。
〔註126〕〔日〕安居香山、中村彰八輯：《緯書集成》，石家莊：河北人出版社，1994
年，第 1147 頁。
〔註127〕王明：《太平經合校》，北京：中華書局，1997 年，第 81 頁。
〔註128〕袁珂：《山海經校注》，成都：巴蜀書社，1996 年，第 55 頁。
〔註129〕袁珂：《山海經校注》，成都：巴蜀書社，1996 年，第 345 頁。

子‧墜形篇》曰：「崑崙之丘，或上倍之，是謂涼風之山，登之不死；或上倍之，是謂懸圃，登之乃靈，能使風雨；或上倍之，乃維上天，登之乃神，是謂太帝之居。」〔註130〕《河圖括地象》曰：「崑崙有銅柱焉，其高入天，所謂天柱也。圍三千里，周員如削。下有仙人九府治之，與天地同休息。」〔註131〕《神異經‧中荒經》：「崑崙之山有銅柱焉，其高入天，所謂天柱也，圍三千里，周圓如削，下有回屋，方百丈，仙人九府治之。」〔註132〕由此可見，在漢代，崑崙山和不死觀念的聯繫得到了進一步強化，崑崙與仙人的關係逐漸開始取代它與「帝」的關係，崑崙山的構造結構也逐漸清晰，其仙境特徵得到強化，但是，崑崙作爲「宇宙山」的巫教特徵仍然很明顯。

在西王母信仰融入道教的魏晉南北朝時期，崑崙山作爲貫通天地的「宇宙山」的特徵逐漸淡化，正式轉化爲道教的仙境，成爲道教仙境體系最重要的組成部分之一。〔註133〕被今人視爲志怪小說的《拾遺記》描述崑崙山曰：

> 崑崙山者，西方曰須彌山，對七星之下，出碧海之中。上有九層，第六層有五色玉樹，陰黯五百里，夜至水上，其光如燭。第三層有禾稼，一株滿車。有瓜如桂，有奈冬生如碧色，以玉井水洗食之，骨輕柔能騰虛也。第五層有神龜，長一尺九寸，有四翼，萬歲則升木而居，亦能言。第九層山形漸小狹，下有芝田蕙圃，皆數百頃，群仙種耨焉。傍有瑤臺十二，各廣千步，皆五色玉爲臺基。〔註134〕

可見時人對崑崙山的認識已與漢人有很大不同。在著錄爲東方朔所作，實爲六朝道士造構的《十洲記》中，〔註135〕崑崙仙境的道教化特徵更加明顯：

〔註130〕何寧：《淮南子集釋》，北京：中華書局，1998年，第328頁。

〔註131〕〔日〕安居香山、中村彰八輯：《緯書集成》，石家莊：河北人出版社，1994年，第1092頁。

〔註132〕《神異經》，載《漢魏六朝筆記小說大觀》，上海：上海古籍出版社，1999年，第57頁。

〔註133〕關於道教的仙境體系，可參閱李晟《仙境信仰研究》第五章《道教仙境體系的構建》，成都，巴蜀書社，2010年，第124～170頁。

〔註134〕（前秦）王嘉撰、（梁）蕭綺錄：《拾遺記》卷十《崑崙山》，載《漢魏六朝筆記小說大觀》，上海：上海古籍出版社，1999年，第558頁。

〔註135〕《十洲記》舊題東方朔撰，顯然不可信。關於此書的成書年代，爭議頗多。《四庫提要》認爲此書是「六朝詞人所依託」；胡應麟亦認爲此書係假託東方朔之作；李劍國綜合各家觀點，考訂爲六朝之前的「道徒所爲」；李豐楙則認爲是王靈期等上清派道士所造。參閱李劍國《唐前志怪小說史》，南開大學出版社1984年，第167～171頁；胡應麟《少室山房筆叢》，上海書店出版社2001

　　（崑崙）上有三角，廣方萬里，形似偃盆，下狹上廣，故名曰
崑崙山三角。其一角正北，干辰之輝，名曰閬風巔：其一角正西，
名曰玄圃堂；其一角正東，名曰崑崙宮；其一角有積金，爲天墉城，
面方千里。城上安金臺五所，玉樓十二所。其北戶山、承淵山，又
有墉城。金臺、玉樓，相鮮如流，精之闕光，碧玉之堂，瓊華之室，
紫翠丹房，景雲燭日，朱霞九光，西王母之所治也。〔註136〕

在正統的道教內典中，崑崙仙境爲西王母治所的觀念幾乎貫通終始，崑崙山
的形制結構、宮室布局、仙官體系，被賦予了純正的道教色彩。茲略舉數例
以明之：

　　崑崙玄圃，金爲墉城，四方千里，城上安金臺五所，玉樓十二，
瓊華之屋，紫翠丹房，七寶金玉，積之連天，巨獸萬尋，靈香億千，
西王母九光所治，群仙無量也。〔註137〕

　　中國四周百二十億萬里，下極大風澤五百二十億萬里，崑崙處
其中央，弱水周匝繞山，山高平地三萬六千里，上三角，面方長萬里，
形似堰盆，中狹上廣，其一角正北，干辰星之精，名間風臺；一角正
西，名曰玄圃臺；其一角正東，名曰崑崙宮，一處有積金，爲天墉城，
面方千里，城上安金臺五所，玉樓十二，其北戶山、承淵山，並其支
輔，又有墉城，金臺玉樓，相似如一，流精之網，光碧之堂，瓊華之
室，紫翠丹房，景雲燭日，朱霞九光，西王母之所治。〔註138〕

　　閬野者，閬風之府是也。崑崙上有九府，是爲九宮，太極爲太
宮也。諸仙人俱是九宮之官僚耳。至於眞人，乃九宮之公卿大夫。
仙官有上下，各有次秩。仙有左右府，而又左右公、左右卿、左右
大夫、左右御史也。明《大洞》爲仙卿，服金丹爲大夫，服眾芝爲
御史。若得太極隱芝服之，便爲左右仙公及眞人矣。〔註139〕

年，第 317 頁；李豐楙《六朝隋唐仙道類小說研究》，臺灣學生書局 1986 年，
第 144 頁。
〔註136〕《海內十洲記》，載《漢魏六朝筆記小說大觀》，上海：上海古籍出版社，1999
年，第 707 頁。
〔註137〕《元始上眞眾仙記》，《道藏》第 3 冊，第 270 頁。
〔註138〕《上清外國放品青童內文》卷下，《道藏》第 4 冊，第 28 頁。
〔註139〕〔日〕吉川忠夫、麥谷邦夫：《眞誥校注》，朱越利譯，北京：中國社會科學
出版社，2006 年，第 187 頁。

墉城金臺、流精闕、光碧堂、瓊華室、紫翠丹房，右在崑崙山，
西王母治於其所；墉臺、墉宮、西瑤上臺，右在崑崙山上，西王母
所居；九靈館、金丹流雲宮、暉景室，右在崑崙山，西王母及眞仙
女之所遊處；青琳宮、西華堂、丹微房，右在白玉龜山上，西王母
所居。〔註140〕

九靈館在崑崙山，西王母及眞仙女之所遊處；太微館，太微天
帝所居；素靈館，九靈金母太素三元君所居。〔註141〕

描述西王母及其所治崑崙仙境的類似材料在道典中俯仰皆是，不勝枚舉。據
此可知，當西王母信仰融入道教之後，漢人宗教觀念中信仰者在身後可以升
入的崑崙仙境，已經轉化爲道教的仙境。崑崙仙境已經不再是普通人能夠在
死後進入的理想世界，而成爲仙人或者修道成仙者生活的神仙世界。由此，
作爲崑崙仙境主宰者的西王母，其職司也發生了重要變化。

西王母轉化爲道教仙眞後，她在道教中擔任的職司除了前文所述的傳授
經法之外，最重要的便是作爲女仙首領，統領天下得道成仙的女性仙眞。西
王母作爲女仙首領的形象特徵和仙階地位在道教中尤其鮮明顯赫。在最早出
現的系統化的道教神譜《眞靈位業圖》中，西王母就已被安排在第二層女眞
位的第一位，號紫微元靈白玉龜臺九靈太眞元君。〔註142〕西王母這一地位在
後世不斷得到強化，到旨在「紀古今女子得道升仙之事」〔註143〕的《墉城集
仙錄》中，西王母被定位爲「位配西方，母養群品」的仙界大神，「天上天下，
三界十方，女子之登仙得道者咸所隸焉」。〔註144〕至此，西王母作爲女仙之首
的地位最終定型。

道教吸收了西王母信仰之後，在把西王母編入道教神譜時，奉其爲統領
女仙的至上仙眞，其實並非出於任意編排，其間亦淵源有自。《博物志》云：
「萬民皆付西王母，唯王者、聖人、眞人、仙人、道人之命，上屬九天君耳。」
〔註145〕可見，在早期的宗教觀念中，西王母只管理天下萬民之命，不管理仙

〔註140〕《無上秘要》卷二十二《三界宮府品》，第25冊，第59頁。
〔註141〕《一切道經音義妙門由起‧明居處第四》引《洞眞經》，《道藏》第24冊，第
727頁。
〔註142〕王家葵：《眞靈位業圖校理》，北京：中華書局，2013年，第64頁。
〔註143〕（宋）張君房：《雲笈七籤》卷一百一十四《墉城集仙錄敘》，北京：中華書
局，2010年，第2524頁。
〔註144〕《墉城集仙錄》卷一《金母元君傳》，《道藏》第18冊，第168頁。
〔註145〕范寧：《博物志校證》卷九《雜說上》，北京：中華書局，2014年，第104頁。

眞之命。漢代墓葬圖像中，西王母主宰的仙境是信仰者死後可以獲得徹底的
自由和幸福的理想歸宿，反映的其實就是這種觀念。西王母信仰盛行的漢代，
同時也是原始道教興起的時代。在原始道教看來，崑崙山是寄存得道仙眞命
錄的聖境，例如，《太平經》就認爲，「惟上古得道之人，亦自法度未生有錄
籍，錄籍在長壽之文，須年月日當升之時，傳在中極。中極一名崑崙，輒部
主者往錄其人姓名，不得有脫」；〔註146〕「神仙之錄在北極，相連崑崙。崑崙
之墟有眞人，上下有常。眞人主有錄籍之人，姓名相次。高明得高，中得中，
下得下，殊無搏頰乞匄者」。〔註147〕我們知道，最晚在東漢早期，西王母就
已成爲崑崙山的主人。雖然原始道教並不認爲崑崙山上掌管仙人錄籍的是西
王母，但是，相同的崑崙崇拜無疑會成爲西王母信仰與原始道教之間的連接
點，並爲西王母信仰向道教信仰轉化埋下伏筆。隨著魏晉以降，原始道教向
神仙道教的轉型，西王母被道教改造爲居於崑崙之上掌管得道登仙者命錄的
仙眞，自是順理成章之事。

　　在原始道教的觀念中，崑崙仙境中的仙人錄籍並無男女之別，但是，在
魏晉以降的道教中，崑崙仙境中的西王母卻只掌管女仙錄籍，出現這一變化
的原因大致有二：其一，在西王母信仰開始被道教吸收的時期，民間西王母
祠廟信仰極爲盛行，西王母收養夭折女子的神話傳說流傳甚廣。因此，道教
把西王母塑造爲不幸女子的守護者和掌管女仙錄籍的女仙首領，其實是受到
了這一民間宗教信仰的影響，李豐楙先生曾對此做過非常深入的研究。〔註148〕
這可以說是一種社會的或現實的原因。其二，陰陽觀念的影響。西王母信仰
出現伊始，就已蘊涵著陰陽對立的觀念，西王母代表著「陰」的一極。在西
王母信仰融入道教之後，西王母通常都與東王公並舉，反映的其實就是陰陽
對立的宗教觀念。道教經典往往把西王母稱作「太陰之元氣也」、〔註149〕「始
陰之氣」〔註150〕、「西華至妙之氣」〔註151〕，強調其主治西方的特徵，同時，

〔註146〕王明：《太平經合校》，北京：中華書局，1997年，第532頁。

〔註147〕王明：《太平經合校》，北京：中華書局，1997年，第583頁。

〔註148〕李豐楙：《西王母五女神話的形成及其演變》，載《仙境與遊歷：神仙世界的
想像》，北京：中華書局，2010年，第82～105頁。

〔註149〕（宋）張君房：《雲笈七籤》卷十八《老子中經》，北京：中華書局，2010年，
第420頁。

〔註150〕《元始上眞眾仙記》，《道藏》第3冊，第269～270頁。

〔註151〕（唐）杜光庭：《墉城集仙錄》卷一《金母元君傳》，《道藏》第18冊，第168
頁。

崑崙是西方仙境，西方屬陰，因而，西方仙境崑崙山的主人西王母也便成爲掌理女性仙眞錄籍的女仙首領。

西王母信仰經過道教的吸收和改造，最終融入道教，成爲道教信仰的重要組成部分，是西王母信仰發展歷程中一場非常重要的轉變。由此，西王母信仰從一種層次相對較低的民間信仰躍升爲一種較高層次的正統宗教信仰。西王母信仰融入道教後，進一步擴大了它的影響力，同時也豐富了道教信仰的內容。除了以上所述之外，西王母信仰還對道教的齋醮科儀、修煉法術等也產生了較大影響。值得注意的是，西王母信仰融入道教並不意味著這種信仰就此既已完全消融於道教之中。西王母信仰的發展極爲複雜，在融入道教的同時，西王母信仰作爲一種民間信仰傳統並未消失。在民俗生活和民間信仰中，西王母仍然無處不在。作爲民間信仰的西王母信仰和作爲道教信仰組成部分的西王母信仰，其實一直並行不悖，而且二者還常常相互交融，有時甚至難分彼此。

第六章　西王母信仰的世俗化發展及其與民間宗教的關係

第一節　西王母信仰的世俗化發展

　　創造一個超驗的觀念世界或信仰場域，並賦予這個觀念或信仰的世界以及這個世界中的神明以至高無上的神聖性，是所有宗教的根本旨歸。誠如伊利亞德所言：「神聖和世俗是這個世界的兩種存在模式」，「神聖的力量意味著現實，同時也意味著不朽，意味著靈驗。」〔註1〕在宗教文化的視域中，世界是由聖、凡對立的兩極構成的，對宗教信徒而言，追求神聖的世界，膜拜神聖的力量，以此解除生命的焦慮和苦難，尋求對生命的解脫，實現生命的價值，才是人類生存的意義之所在。因此，在所有的宗教信仰中，由凡、聖兩極構成的天平永遠偏向聖的一側。然而，隨著時代的變遷，宗教信仰的神聖性有時也會出現逐漸弱化甚至消解的現象，呈現出「祛聖化」或者說是世俗化的發展態勢。人類認識水平的提升，固然是出現「祛聖化」現象的原因，但是社會文化和價值觀念的變化，不同的宗教信仰之間的競爭等等因素，恐怕才是造成這一現象更爲宏深的歷史根源。

　　西王母的形象在其出現伊始的戰國時代，雖然也帶有濃鬱的神秘色彩，但是並不具備宗教信仰中的神明所應具有的神聖性。秦漢以降，隨著與神仙思想的合流，西王母神話的宗教化發展模式快速展開，進而發展爲一種以西

〔註1〕〔羅馬尼亞〕米爾恰‧伊利亞德：《神聖與世俗》，王建光譯，北京：華夏出版社，2003 年，第 4～5 頁。

王母爲核心崇拜對象的宗教信仰，神話傳說中的西王母從而登上了宗教信仰的殿堂，獲得了無上的神聖性。在魏晉南北朝時期，西王母信仰被道教所吸收，融入正統宗教之中，至此，西王母信仰的神聖性達到巔峰狀態。自唐宋以後，中國文化的世俗化傾向逐漸增強，甚至在道教中也出現了世俗化的發展走向。〔註2〕在這個時期，西王母一方面在正統的道教活動和經典中繼續保持著神聖性，但是在現實的社會生活中，西王母信仰的神聖性卻在不斷削弱，開始了世俗化的發展歷程。隨著市民文化的興起，西王母信仰還出現了一種迎合市民階層的審美趣味和價值觀念的發展趨向。沿著這一趨向發展的西王母信仰，其世俗化程度進一步加深。在反映這一發展趨向的民俗生活和通俗文學中，西王母的神聖性不斷剝落。在相應的表現形式中，西王母雖然仍然是以主角的身份出現，但已經不再作爲神聖威嚴的宗教崇拜對象接受人們的膜拜，反而反主爲客，成了迎合世俗觀念的一個道具性角色，其作爲偉大神明的神聖性幾乎褪變殆盡。獻桃慶壽，祝福呈祥，參與塵世男女的愛戀糾葛，成爲西王母信仰世俗化發展路向中最爲常見的主題。

一、獻桃慶壽

桃樹在中國古代的觀念中是一種神異的樹木，古籍中多有關於桃樹神異功能的記載，略舉數例如下：

《左傳·昭公四年》：桃弧棘矢，以除其災。〔註3〕

《淮南子·詮言訓》：羿死於桃梧。注：梧大杖，以桃木爲之，以擊殺羿，由是以來，鬼畏桃也。〔註4〕

《後漢書·禮儀志》：夏至陰氣萌作，恐物不楙……以桃印長六寸方三寸，五色書文，如法以施門戶。〔註5〕

《荊楚歲時記》：正月一日造桃符著戶，名仙木，百鬼所畏。

《荊楚歲時記》：桃者，五行之精，厭伏邪氣，制百鬼也。〔註6〕

〔註2〕 黃勇：《道教筆記小說研究》，成都：四川大學出版社，2007年，第201頁。

〔註3〕 《春秋左傳正義》昭公四年，阮元校刻《十三經注疏》本，北京：中華書局，1980年，第2034頁。

〔註4〕 何寧：《淮南子集釋》，北京：中華書局，1998年，第993頁。

〔註5〕 《後漢書·禮儀志中》，北京：中華書局，1965年，第3122頁。

〔註6〕 （梁）宗懍：《荊楚歲時記》，載《漢魏六朝筆記小說大觀》，上海：上海古籍出版社，1999年，第1051頁。

由此可見，在古人的觀念中桃木具有驅邪制鬼的超凡功能。與具有超凡功能的桃木一樣，桃樹的果實也不同尋常，被認爲可以使人益壽延年，甚至長生不死。

> 《列仙傳》：葛由者，羌人也。周成王時，好刻木羊賣之。一旦，騎羊而入西蜀，蜀中王侯貴人追之，上綏山，在娥媚山西南，高無極也。隨之者不復還，皆得仙道，故里諺云：「得綏山一桃，雖不得仙，亦足以豪。」〔註7〕

> 《齊民要術》卷十引《神農經》：玉桃，服之長生不死。〔註8〕

> 《述異記》：武陵源在吳中山，無他木，盡生桃李，俗呼爲桃李源。源上有石洞，洞中有乳水，世傳秦末喪亂，吳中人與此避難，食桃李實者皆得仙。

與神仙思想合流後，西王母獲得了長生不死的神性，並且成爲長生不死之藥的掌管者。也許正是這個原因，在後世西王母也便與桃發生了聯繫。最早提到西王母「賜桃」的記載見於《博物志》：

> 漢武帝好仙道，祭祀名山大澤以求神仙之道。時西王母遣使乘白鹿告帝當來，乃供帳九華殿以待之。七月七日夜漏七刻，王母乘紫雲車而至於殿西，南面東向，頭上戴七種〔註9〕，青氣鬱鬱如雲。有三青鳥，如烏大，使侍母旁。時設九微燈。帝東面西向，王母索七桃，大如彈丸，以五枚與帝，母食二枚。帝食桃輒以核著膝前，母曰：「取此核將何爲？」帝曰：「此桃甘美，欲種之。」母笑曰：「此桃三千年一生實。」〔註10〕

按照《博物志》的說法，王母的仙桃是「三千年一生實」的仙界神品。其後出現的演繹西王母交接漢武帝故事的仙道小說《漢武故事》〔註11〕和《漢武帝內傳》，直接承襲了《博物志》中西王母賜桃於漢武帝的情節。但是值得注

〔註7〕　王叔岷：《列仙傳校箋》，北京：中華書局，2007年，第50頁。

〔註8〕　（北魏）賈思勰：《齊民要術》，《津逮秘書》本。

〔註9〕　「七種」，或作「太華髻」。范寧推測當爲「玉勝」，參閱范寧《博物志校證》，第103頁。

〔註10〕　范寧：《博物志校證》卷八《史補》，北京：中華書局，2014年，第97頁。

〔註11〕　《漢武故事》舊題班固傳撰，司馬光認爲該書「語多誕妄，非班固書，蓋後人爲之，託固名耳」。余嘉錫考定爲南齊王儉所作。參閱余嘉錫：《四庫提要辯證》，北京：中華書局，2007年，第1128～1130頁。

意的是，此類小說中西王母雖然通過誇耀仙桃生長週期的漫長來強化仙桃的珍貴性，卻並沒有說服食仙桃可以使人長生不死，在她向漢武帝羅列的長生不死之藥的清單中，也沒有提到仙桃。根據有些學者的觀點，其中原因恐怕在於「西王母道教化過程中扮演極關鍵角色的上清派，基本上不重視服食之事，因此西王母在一開始道教化時，桃的概念就不被強化，只是單純地保留賜桃的情節，而未有『西王母擁有不死仙桃』、『向西王母索桃成仙』之類的神職賦予。」〔註12〕其實，上清派也並非完全忽視「服食之事」。道教的服食文化中，服食的天然性藥餌以本草類植物和礦物為主，桃、李等水果向來不是道教服食的藥餌，因此，道教不強調「西王母擁有不死仙桃」，實際上是其服食文化的反映，跟某個道派是否重視服食並不一定有必然聯繫。質言之，西王母跟仙桃發生聯繫，反映的其實是一種民間的觀念，而不是一種純粹的道教觀念。無論如何，自六朝開始，西王母與仙桃的聯繫已正式形成，並在後世不斷得到強化。據《拾遺記》之說，「王母之桃，王公之瓜，可得而食，萬歲矣」〔註13〕；《洛陽伽藍記》甚至聲稱華林園中「有仙人桃，其色赤，表裏照徹，得嚴霜乃熟，云出崑崙山，一曰王母桃也」。〔註14〕此後的詩歌中詠頌王母仙桃的篇章更加不勝枚舉。

　　西王母具有長生不死的神性，且擁有使人長生不死的偉大能力，而服食西王母的仙桃又能使人益壽延年甚至羽化登仙，因此，在世俗文化中西王母和仙桃、慶壽便聯繫到一起。根據吳晗的說法，西王母慶壽的傳統可以追溯到漢代，揚雄《甘泉賦》有「西王母欣然而上壽兮」之句，吳晗據此認為「從『欣然而上壽』短短的五字便演成後來若干有趣的瑤池慶壽的故事」。〔註15〕細究《甘泉賦》全文，此處所謂「上壽」是否就是後世流行的西王母慶壽，似乎還需商榷。西王母獻桃慶壽的故事最早大約出現在唐代，劉禹錫《步虛詞》「阿母種桃雲海際，花落子成二千歲。海風吹折最繁枝，跪捧瓊盤獻天帝」，描寫的就是西王母獻桃慶壽的情景。不過，西王母獻桃慶壽的故事在唐代似

〔註12〕魏光霞：《西王母與道教信仰》，載《西王母文化研究集成論文卷》中卷，桂林：廣西師範大學出版社，2008年，第947頁。原載鄭志明主編《西王母信仰》，臺北南華管理學院，1997年。

〔註13〕（前秦）王嘉撰，（梁）蕭綺錄：《拾遺記》卷六，載《漢魏六朝筆記小說大觀》，上海：上海古籍出版社，1999年，第532頁。

〔註14〕周祖謨：《洛陽伽藍記校釋》，北京：中華書局，2010年，第52頁。

〔註15〕吳晗：《西王母的傳說》，載《西王母文化研究集成論文卷》上卷，桂林，廣西師範大學出版社，2008年，第412頁。

乎還不太流行。宋元以降，隨著小說、戲劇等通俗文學的蓬勃發展，作為蟠桃園的主人，西王母舉辦蟠桃會，獻桃慶壽的故事開始盛行，而且情節也演變得更加豐富多彩，更加能夠迎合世人心態。

關於西王母獻桃慶壽的研究已經很多，此處無意再畫蛇添足。這裡想要補充的是，西王母獻桃慶壽在周邊國家也產生了深遠影響。《高麗史‧樂志‧唐樂》中便有「獻仙桃」的樂舞。該樂舞由十餘人一起表演，其中一人飾演王母，王母的唱詞多為祝福呈祥之詞，如「大平何以報，蟠桃一朵獻千祥」之類。〔註16〕高麗樂府中的唐樂傳自宋朝，可見最晚在宋代，王母獻桃慶壽的故事就已傳入高麗。高麗人崔惟善《御苑種仙桃》云：「御苑新桃種，移從閬苑仙。結根丹地上，分影紫庭前。細葉看如畫，繁英望欲然。品高雞省樹，香接獸爐煙。天近先春茂，晨清帶露鮮。是應王母獻，聖壽益千年。」〔註17〕由此亦可見，王母獻桃慶壽的佳話不僅流行於高麗王宮，在民間也流傳甚廣，偰遜為母親生日作賀壽詩《瑤池會授長生籙辭》，全用道教典故，以王母仙桃為中心，〔註18〕就更進一步證明這一點。進入朝鮮王朝以後，王母仙桃仍然為人所津津樂道，例如李明漢《寄降仙樓主人》：「我為金粟之後身兮，君為玉帝之外臣。玉帝置公香案前，公騎白鶴朝玉宸。問公何事人間來，瑤池誤折蟠桃春。三年謫下降仙樓，巫山綠水之悠悠。清都露氣猶濕衣，安期玉舄留丹丘。鸞笙鳳簫引香風，羽蓋星冠欲輕舉。金字題詩七寶扇，不是世人煙火語。陽春白雪誰和之，三十六宮隔仙侶。顧我身如著泥絮，安得隨風向爾去。昨夜西樓一雁過，陽關夢斷無尋處。吹我法海無空笛，借公仙家不死藥。飛丹砂兮拾瑤草，采綠髓兮餐金液。然後飄然凌太清，相逢拍手雲間樂。」〔註19〕又如，金坵《文機障子詩》：「一朵蓬萊湧海高，銀宮貝闕駕靈鼇。蘭燈燦爛穨蚪卵，羽葆參差翠鳳毛。風護花奴頭上槿，露濃金母手中桃。請看明月徘徊影，應是姮娥望赭袍。」〔註20〕由此可見，作為宗教的西王母信仰也許

〔註16〕〔朝鮮〕鄭麟趾：《高麗史》卷七十一《樂志二》，東京：國書刊行會，明治四十二年，第452頁。

〔註17〕〔高麗〕崔滋：《補閒集》，京城：朝鮮古書刊行會，明治四十四年，第64頁。

〔註18〕〔朝鮮〕南龍翼編、趙季校注：《箕雅校注》卷十三，北京：中華書局，2008年，第1295頁。

〔註19〕〔朝鮮〕南龍翼編、趙季校注：《箕雅校注》卷十四，北京：中華書局，2008年，第1422頁。

〔註20〕〔朝鮮〕南龍翼編、趙季校注：《箕雅校注》卷七，北京：中華書局，2008年，第654頁。

是因爲民族特性的差異，未能傳入周邊國家，但是，由西王母信仰的世俗化發展而產生的宗教色彩極爲淡化的西王母獻桃慶壽的故事，卻因爲它能夠很好地滿足人們對長壽、太平、幸福的嚮往，被域外國家所接受。這似乎可以證明，宗教信仰也許會有民族的差異，但是世俗化的人生趣味在不同民族間卻有著共性。這種共性或許正是西王母信仰未能順利傳入域外，而世俗化的西王母獻桃慶壽故事卻能夠被域外國家接受的根本原因。

二、西王母與男女婚戀

崑崙山在上古神話中就是一個偉大的聖所。在道教的觀念中，這個聖所還是保存得道之人錄籍之處，按照《太平經》的說法，「惟上古得道之人，亦自法度未生有錄籍，錄籍在長壽之文，須年月日當升之時，傳在中極。中極一名崑崙，輒部主者往錄其人姓名，不得有脫」；〔註21〕「神仙之錄在北極，相連崑崙。崑崙之墟有眞人，上下有常。眞人主有錄籍之人，姓名相次。高明得高，中得中，下得下，殊無搏頰乞匄者」。〔註22〕也就是說，得道者的錄籍由崑崙山的眞人掌管。大概在東漢前期，西王母神話完成了與崑崙神話的合流，西王母成爲崑崙山的主人，掌管得道者錄籍的權力也便由身份不明的崑崙眞人讓位於西王母。由於其女性神明的身份，西王母在道教中被認爲主司女性仙眞的錄籍。魏晉六朝時期，民間祠廟祭祀中出現了西王母收養夭折女子的信仰，這一信仰被此時興起的道教上清派吸收，並藉此進一步強化了西王母護養不幸女子的母神特徵，西王母被道教定位爲「位配西方，母養群品」的仙界大神，「天上天下，三界十方，女子之登仙得道者咸所隸焉」。〔註23〕至此，西王母作爲女仙之首的地位最終定型。

無論是作爲女仙之首，還是作爲收養不幸女子的「母親」，西王母的形象和地位都具有無上的神聖性。中國古代的婚戀故事往往以女性爲中心，作爲女子守護者和女仙首領的西王母，也便很自然地會和男女婚戀故事發生聯繫。在西王母信仰的宗教性呈上升態勢的魏晉六朝時期，神女和凡男愛情故事的旨趣往往側重於宣揚宗教，而不是渲染世俗化的男女之情，神女「在戀愛中掌握著主動權，而她們與凡人締結情緣的目的也只是爲了傳法弘道、度

〔註21〕 王明：《太平經合校》，北京：中華書局，1997年，第532頁。

〔註22〕 王明：《太平經合校》，北京：中華書局，1997年，第583頁。

〔註23〕 （唐）杜光庭：《墉城集仙錄》卷一《金母元君傳》，《道藏》第18冊，第168頁。

脫情郎」。〔註24〕無論是《搜神記》中的杜蘭香，還是《搜神後記》中的何參軍女，這些西王母的女兒們的一世情緣，其根本旨歸概莫能外。儘管此類婚戀故事的旨趣是宗教性的，西王母也從未參與到女兒們的愛情糾葛之中，保持著其超越俗世的神聖性。然而，隨著唐宋以後西王母信仰的世俗化轉向，西王母開始參與到男女婚戀之中，成爲此類故事中最重要的角色之一。

在男女婚戀故事中，西王母最常見的角色是男女愛情的阻撓者，其中最著名的當屬牛郎織女的愛情故事。牛郎織女故事是中國最古老的民間傳說之一，在《詩經》中就已出現其萌芽。早期的牛、女實際上指的是天上的星座，後世逐漸被被演繹爲男女愛情傳奇，據《荊楚歲時記》之說：

> 天河之東有織女，天帝之子也。年年機杼勞役，織成雲錦天衣。
> 天帝哀其獨處，許配河西牽牛郎。嫁後遂廢織紝。天帝怒，責令歸
> 河東。唯每年七月七日夜，渡河一會。〔註25〕

牛郎織女傳說在後世又演變爲仙女與凡男的愛情故事，其演變極其複雜，按照趙仲邑和小南一郎的總結，至少有四種類型。〔註26〕其中以第三種類型——即王母娘娘阻撓牛郎織女的婚戀，劃天河阻隔二人，只許每年七夕相見的傳說——流傳最廣。根據范寧的研究，西王母最早進入牛郎織女故事是在明清之際，〔註27〕而這個時期正是西王母信仰世俗化發展的極盛時期。

除了以愛情阻撓者身份出現之外，西王母在流行於民間的度脫劇還常常以點化者的身份出現。此類劇作常見的情節是天上的金童玉女因思凡被貶謫人間，結爲夫妻，經歷一番業緣之後，經王母度化重新位歸仙班。李好古的《沙門島張生煮海》、賈仲名的《鐵拐李度金童玉女》、無名氏的《瘸李岳詩酒玩江亭》、朱有燉的《呂洞賓花月神仙會》、《南極仙翁度脫海棠仙》、劉兌的《金童玉女嬌紅記》等劇目，都不同程度地表現了這一主題。此類劇目中，金童玉女思凡往往又和蟠桃會聯繫在一起，從某種程度上也可看做是在產生更早的西王母獻桃慶壽母題中節外生發出的新母題。這個母題的劇目中，金童玉女思凡通常發生在蟠桃會上，蟠桃會的主人西王母自然也便有度化他們的義務。如《鐵拐李度金童玉女》中，王母云：

〔註24〕黃勇：《道教筆記小說研究》，成都：四川大學出版社，2007年，第196頁。
〔註25〕案：此段文字常常被引作出《荊楚歲時記》，然而不見於今本《荊楚歲時記》。
〔註26〕〔日〕小南一郎：《中國的神話傳說與古小說》，孫昌武譯，北京：中華書局，2006年，第515～519頁。
〔註27〕范寧：《牛郎織女故事的演變》，《文學遺產》1984年增刊第一輯。

> 梓童乃九靈大妙金母是也。爲因蟠桃會上金童玉女一念思凡，
> 罰往下方，投胎託化，配爲夫婦。他如今業緣滿足，李鐵拐，你須
> 直到人間，引度他還歸仙界，不可遲也。〔註28〕

早期的劇目中王母主要負責度化金童玉女，後來她還參與度化其他女仙的工作，如《呂洞賓花月神仙會》楔子云：

> （金母云）梓童乃瑤池金母，今有蟠桃仙子，雖在仙家長生永
> 久，然他尚是土木形骸，未得金丹成神仙體。今令他去下方人世中，
> 酒色財氣內經歷一遍，卻請上界天仙點化他，得了金丹，煉得形神
> 俱妙，方可得成仙道。〔註29〕

在元明以降的世俗觀念中，王母和玉帝往往被視爲夫妻，思凡下降的仙女有時候就是王母和玉帝的女兒。比如《張四姐大鬧東京寶卷》中，私自下凡與金童謫世的崔文瑞結婚的張四姐，就是王母和玉帝的第四個女兒。張四姐在凡間惹下一系列禍端，玉帝派天兵天將下凡捉拿張四姐，但均非其對手，後經王母相勸，四姐和金童才重新位歸仙班。在戲文中，王母勸說張四姐道：「你是天仙女，怎與凡人婚配？爲娘的替你受了多少心酸？你若記得養育之恩，就跟我上天宮，你若不聽娘的勸，你父王傳下令來，我們母女定做刀下之鬼。」〔註30〕儼然是一副慈母和賢內助的形象，已經和人間的母親形象沒有多大差別，金母元君的神聖光環也已不知不覺消融於瑣碎的世情之中。

第二節　西王母信仰與民間宗教

中國古代宗教以儒釋道三教爲正統，然而在三教之外，民間還流行著派系眾多、內容蕪雜的非制度化、非系統化的信仰體系。陳榮捷先生曾指出，與其將中國宗教分爲儒釋道三個部分，不如分爲尋常百姓的層次和知識已開者的層次，前一個層次可稱之爲民間宗教。〔註31〕此種對中國古代宗教的層次劃分理論與雷德菲爾德的大小傳統之說頗有相通之處。〔註32〕從屬於小傳

〔註28〕　隋樹森：《元曲選外編》，北京：中華書局，1996年，第1093頁。
〔註29〕　《孤本元明雜劇》第四冊，臺北：臺灣商務印書館影印涵芬樓藏本，1977年。
〔註30〕　方步和：《河西寶卷眞本校注研究》，蘭州：蘭州大學出版社，1999年，第157頁。
〔註31〕　陳榮捷：《現代中國的宗教趨勢》，臺北：臺灣文殊出版社，1987年，第137頁。
〔註32〕　大小傳統理論是美國人類學家雷德菲爾德在1956年出版的《鄉民社會與文化》一書中首次提出。粗略而言，大傳統指社會精英代表的文化傳統，小傳統指

統的民間宗教，其區別於正統宗教的最明顯的特徵是它主要流行、傳播於民間，爲鄉民社會所接受。但是，這只是一種表象性的區別，眞正的區別恐怕還在於它不同於正統宗教的接受功能。徐小躍先生在解釋他爲什麼要採用「民間宗教」一詞時說：「採用『民間宗教』一詞與其說它是一種有別於爲上層社會所接受和信奉的正統、貴族宗教（佛教、道教）而流行於下層民間社會的宗教組織，毋寧說是基於它是一種更能迎合下層民間人士心理需求的宗教教義和信仰。換言之，我們所謂的民間宗教不僅就其傳播的對象和範圍而言，而且更重要的是就其教義信仰更具有爲下層民間社會人士所接受的功用而言。」〔註33〕也就是說，民間宗教之所以爲民間宗教，不僅在於它主要流行於民間社會，最根本的原因還在於它的教義和信仰更能迎合下層人士的心理需求。其實，即使是制度化、系統化的正統宗教在鄉民社會傳播時，受知識未開的下層人士接受能力所限，其教義和信仰以及儀式都會爲適應鄉民社會的需求而有所改變，演變爲被學術界稱爲民間佛教或民間道教之類的有別於正統佛教和正統道教的形態。

中國的民間宗教起源甚早，在其發展歷程中，經過不斷的改造、提升，眾多民間宗教、民間信仰逐漸上升爲正統宗教或者被正統宗教吸收。與此同時，更多的民間宗教和民間信仰其實仍然保持著非制度化、非系統化的民間化特徵，繼續在民間社會傳播、發展。唐宋以降，尤其是在明清時期，隨著三教合流趨勢的推進，因爲缺乏制度化和系統化，其信仰和儀式呈現出混雜性的民間宗教進入高速發展的繁榮狀態，民間宗教結社運動風起雲湧，各種民間教派如雨後春筍般紛紛興起，雖然備受統治階層的殘酷鎮壓，但是仍然此起彼伏，愈演愈烈。這些民間宗教的教理教義沒有得到高度統一，雜糅著道教、佛教、儒教以及各種民間信仰的成分，雖然缺乏完善的體系，卻能迎合下層人士淺思維低文化的口味，因而盛行一時。尤其是在明代中葉羅教創立以後，諸多新的教門、新的支派和教主家族不斷湧現，形成了民間宗教異

民間社會的鄉民代表的文化傳統。中國文化中大傳統和小傳統間的界限並非涇渭分明，二者之間常常相互滲透、轉化。關於中國文化中大傳統與小傳統關係問題，可參閱余英時《從史學看傳統——〈史學與傳統〉序言》，見《文史傳統與文化重建》，三聯書店，2004 年第，395～400 頁；王銘銘《社會人類學與中國研究》，三聯書店，1997 年，第 157～173 頁；夏建中：《文化人類學理論學派》，人民大學出版社，1997 年，第 156～157 頁。

〔註33〕徐小躍：《羅教・佛學・禪學》，南京：江蘇人民出版社，1999 年，第 2 頁。

彩紛呈的局面。〔註34〕

　　明清民間宗教雖然流派眾多，派系龐雜，但是核心信仰卻大體相同，「眞空家鄉，無生老母」八字眞言就是眾多民間宗教最重要的信仰內容。〔註35〕羅教經典《古佛天眞考證龍華寶經》曰：「無生母，產陰陽，嬰兒姹女起乳名，叫伏羲、女媧眞身。李伏羲，張女媧，人根老祖。有金公和黃婆，匹配婚姻。混元了，又生出九十六億。皇胎兒，皇胎女，無數福星。」「無生母，差皇胎，東土住世。頂圓光，身五彩，腳踏二輪。來東土，盡迷在，紅塵景界。稍家書，吩咐你，龍華相會。」這段話大體講三個主題：第一，無生老母生出九十六億皇胎兒女；第二，無生老母命九六原靈住世東土，可是皇胎兒女卻迷失於紅塵，歸不得眞空家鄉；第三，無生老母思念迷失的兒女，開龍華會普度兒女還鄉。羅教盛傳的龍華會又分三期，《龍華寶經》曰：「初會龍華是燃燈，二會龍華是釋迦尊，三會龍華彌勒祖，龍華三會願相逢。」燃燈佛度二億原靈，釋迦佛度二億原靈，還有九十二億皇胎兒女將在第三次龍華會由彌勒佛度引還鄉。羅教宣傳的眞空家鄉，無生老母，三佛應劫，末劫救世的信仰，在民間極爲流行，並被明清各種民間宗教教派普遍接受，無生老母由此成爲民間宗教的最高神明。

　　在無生老母出現之前，西王母可以說是在民間地位最高的女性神明。西王母信仰其實也興起於民間，原本也屬於民間宗教信仰。雖然和早期主要流行上層社會的神仙思想合流後，尤其是在被道教吸收並融入道教、西王母從而成爲重要的道教神靈之後，西王母信仰作爲民間信仰的色彩有所淡化。但是我們知道，西王母信仰的發展線索極爲複雜，往往呈現出多線交錯並進的發展演進樣態。西王母信仰在上升爲正統宗教的同時，作爲民間信仰的西王母崇拜也仍然在繼續發展，比如魏晉六朝是西王母信仰發生道教化轉型的最關鍵時期，但是這個時期民間祠廟祭祀中，迥異於道教化的西王母信仰的民間宗教性質的西王母信仰也仍然極爲流行。在唐宋及其後的時代，不同於道教西王母的民間西王母祠祭也仍然很普遍。唐宋以降，西王母信仰在民間流傳過程中，一方面爲迎合世俗觀念和市民趣味，出現了世俗化發展趨勢，西王母作爲偉大神明的神聖性逐漸衰退，但是，世俗化發展趨向並非其唯一的發展方向；在另一方面，西王母信仰作爲一種宗教信仰，其宗教神聖性也同

〔註34〕劉平、唐雁超：《明清民間教派中的道教因素》，《安徽史學》2010 年第 6 期。
〔註35〕蔡勤禹：《「八字眞言」信仰探析》，《東南文化》1993 年第 5 期。

時在民間宗教中被推崇備至。明清時代，無生老母成為在民間最風靡的女性至上神、創世主、救世主，對其他女神信仰產生巨大威脅。對西王母信仰而言，西王母先是被無生老母信仰收編，西王母的神性被無生老母統攝，西王母信仰的發展幾近窮途末路。然而，憑藉長久以來形成的信仰強度，西王母信仰在與無生老母信仰的競爭中，最終還是改變了不利的局面，逐漸取代了無生老母信仰。〔註36〕

　　關於無生老母的來歷，有些學者認為羅教尊奉的無生老母是從羅祖所創無極聖母，再參酌佛教的無生觀念，以及羅教經典中出現過的無生父母，自然而然演變而來的；〔註37〕有些學者則認為無生老母是由西王母演變而來。〔註38〕無論哪種觀點，都不可否認民間宗教流傳下的宗教寶卷中，存在西王母和無生老母互稱的現象。任何一種新神明的出現都不可能是空穴來風，必有其相應的文化資源和原型。無生老母也不可能例外，「比較突兀出現的無生老母形象，必以傳統文化中的某位女性大神為原型，從西王母汲取形象和信仰，創造出無生老母的形象，是符合民間造神的邏輯，這也能解釋為什麼民間教派寶卷中西王母和無生老母經常交替出現。」〔註39〕

　　至上女神生育九六原靈，派駐東土世界，三佛應劫，末劫救世，普度皇胎兒女回歸真空家鄉，是明清時期民間宗教最基本、最主流的信仰，這種信仰和傳統的西王母信仰有較大差距。因此，西王母信仰要想贏得信眾，就必須適應這種新的宗教發展潮流，進行自我調整，增加能夠迎合民眾宗教需求的信仰內容。《神仙通鑑》一書對西王母神性的重構，可以說就是西王母信仰進行這種自我調整的產物。《神仙通鑑》署名為「龍虎主人張繼宗撰」，刊行於康熙三十九年（1700）。該書超出前人之說，開闢了一套宇宙創生的歷程，首敘一金色之人（玄玄上人）以陰陽元炁化生五方五老，即中央黃老、北方

〔註36〕魏光霞：《臺灣西王母信仰的類型研究》，《西王母文化研究集成論文卷》中卷，桂林：廣西師範大學出版社，2008年，第1066頁。原載鄭志明主編《西王母信仰》，臺北南華管理學院，1997年。

〔註37〕馬西沙、韓秉方：《中國民間宗教史》，北京：中國社會科學出版社，2004年，第168頁。鄭志明：《無生老母溯源》，臺北：文史哲出版社，1985年，第110頁。

〔註38〕林榮澤：《從西王母到無生老母——論道教西王母向民間宗教的轉化》，臺北保安宮2009年保生文化暨道教神祇國際學術研討會論文。

〔註39〕劉永紅：《明清宗教寶卷中的西王母形象與信仰》，《青海社會科學》2011年第5期。

水精子、南方赤精子、東方木公、西方金母。對金母的描述是「以西華至妙洞陰之炁，化生金母，棲神於崑崙之圃，闐風之苑，性凝湛寂，道體無爲」，〔註40〕這顯然是襲自道教之說，金母無疑就是道教中的西王母。五老代玄玄上人創造宇宙，陶蒸萬物，其中木公、金母負責造化人類。其實，《雲笈七籤・洞元本行經》中早已有五老之說，但是《神仙通鑒》的「五老」之說與道教的「五老」之說並不相同，木公、金母造人之說卻和民間宗教中的無生老母信仰極爲接近，說明西王母信仰此時已經逐漸與無生老母信仰合流。〔註41〕此外，在《神仙通鑒》刊行之前的明代後期，就已出現了以西王母爲中心的民間宗教寶卷《護國威靈西王母寶卷》。《護國威靈西王母寶卷》首次把西王母視爲民間宗教的至上神，可見西王母與無生老母的合流在明代就已經出現。這些民間宗教中的西王母實際上是把西王母和無生老母融合爲一體，塑造出的一個凌駕於諸神之上的全新的「西王母」。西王母被引入民間宗教後，其神格被進一步放大，變爲集創世、救世爲一體的至上神，這與民間宗教試圖突破傳統的民間性、分散的宗教狀態，向制度化宗教靠攏的努力有關；另一方面也說明傳統的西王母信仰蘊涵的文化資質也正好滿足了民間宗教試圖創造一位能夠容易被信徒接受的至上神的要求。

〔註40〕徐有期集，張繼宗訂補：《神仙通鑒》，臺北：中華世界資料供應出版社，1976年，第1頁。
〔註41〕鄭志明：《西王母神話的宗教衍變》，《西王母文化研究集成論文卷》上卷，桂林：廣西師範大學出版社，2008年，第333頁。原載《中國社會與宗教》，臺北學生書局，1986年。

參考文獻

基本文獻

1. 《白虎通疏證》，（清）陳立撰，吳則虞點校，北京：中華書局，1994 年。

2. 《抱朴子内篇校釋》，（晉）葛洪撰，王明校釋：中華書局，1985 年。

3. 《北堂書鈔》，（唐）虞世南編，北京：學苑出版社，1998 年。

4. 《筆苑雜記》，〔朝鮮〕徐居正撰，首爾：民族文化推進會，1967 年。

5. 《博物志校證》，（晉）張華撰，范寧校證，北京：中華書局，2014 年。

6. 《補閒集》，〔高麗〕崔滋撰，京城：朝鮮古書刊行會，1911 年。

7. 《初學記》，（唐）徐堅撰，北京：中華書局，1962 年。

8. 《楚辭補注》，（宋）洪興祖撰，北京：中華書局，2006 年。

9. 《楚辭集注》，（宋）朱熹撰，上海：上海古籍出版社，1979 年。

10. 《春秋繁露義證》，（清）蘇輿撰，鍾哲點校，北京：中華書局，1992 年。

11. 《春秋左傳正義》，（晉）杜預注，（唐）孔穎達正義，阮元校刻《十三經注疏》本，北京：中華書局，1980 年。

12. 《大戴禮記解詁》，（清）王聘珍撰，北京：中華書局，1983 年。

13. 《道教義樞》，（唐）孟安排編，《道藏》第 24 冊，北京、上海、天津：文物出版社、上海書店、天津古籍出版社，1988 年。

14. 《東國通鑒》〔朝鮮〕徐居正撰，首爾：景仁文化社，1974 年。

15. 《洞神八帝妙精經》，《道藏》（三家本）第 11 冊。

16. 《洞玄靈寶自然九天生神章經》，《道藏》（三家本）第 5 冊。

17. 《洞淵集》，《道藏》（三家本）第 23 冊。

18. 《洞真太上太霄琅書》，《道藏》（三家本）第 33 冊。

19. 《爾雅注疏》，（晉）郭璞注，（宋）邢昺疏，阮元校刻《十三經注疏》本，

　　北京：中華書局，1980 年。

20. 《風俗通義校注》，（漢）應劭撰，王利器校注，北京：中華書局，2010
　　年。

21. 《高麗史》，〔朝鮮〕鄭麟趾等撰，東京：國書刊行會，1909 年。

22. 《孤本元明雜劇》，臺北：臺灣商務印書館影印涵芬樓藏本，1977 年。

23. 《古本竹書紀年輯證》，方詩銘、王修齡撰，上海：上海古籍出版社，1981
　　年。

24. 《管子校注》，黎翔鳳撰，梁運華整理，北京：中華書局，2004 年。

25. 《國語》，上海：上海古籍出版社，1978 年。

26. 《海內十洲記》，《漢魏六朝筆記小說大觀》本，上海：上海古籍出版社，
　　1999 年。

27. 《韓非子集解》，（清）王先慎撰，鍾哲點校，北京：中華書局，2006 年。

28. 《漢官五種》，（清）孫星衍撰，北京：中華書局，1990 年。

29. 《漢書》，（漢）班固撰，（唐）顏師古注，北京：中華書局，1962 年。

30. 《漢書藝文志注釋彙編》，陳國慶撰，北京：中華書局，2006 年。

31. 《漢武故事》，《漢魏六朝筆記小說大觀》本，上海：上海古籍出版社，
　　1999 年。

32. 《漢武內傳》，《漢魏六朝筆記小說大觀》本，上海：上海古籍出版社，
　　1999 年。

33. 《後漢書》，（劉宋）范曄撰，（唐）李賢等注，北京：中華書局，1965
　　年。

34. 《淮南子集釋》，何寧撰，北京：中華書局，1998 年。

35. 《積古齋鐘鼎彝器款識》，（清）阮元編，《叢書集成初編》本，上海：商
　　務印書館，1937 年。

36. 《箕雅校注》，〔朝鮮〕南龍翼編，趙季校注，北京：中華書局，2008 年。

37. 《焦氏易林校注》，（漢）焦延壽撰，劉黎明校注，成都：巴蜀書社，2011
　　年。

38. 《今本竹書紀年疏證》，王國維撰，載方詩銘《古本竹書紀年輯證》附錄，
　　上海：上海古籍出版社，1981 年。

39. 《晉書》，（唐）房玄齡等撰，北京：中華書局，1974 年。

40. 《荊楚歲時記》，（梁）宗懍撰，《漢魏六朝筆記小說大觀》本，上海：上
　　海古籍出版社，1999 年。

41. 《舊唐書》，（後晉）劉昫等撰，北京：中華書局，1975 年。

42. 《老子想爾注校箋》，饒宗頤撰，香港：蘇記書莊，1956 年。

43. 《老子想爾注校證》，饒宗頤撰，上海：上海古籍出版社，1991 年。

44. 《樂府詩集》（宋）郭茂倩編，北京：中華書局，1998 年。

45. 《禮記正義》，（漢）鄭玄注，（唐）孔穎達正義，阮元校刻《十三經注疏》本，北京：中華書局，1980 年。

46. 《禮記集解》，（清）孫希旦撰，北京：中華書局，1989 年。

47. 《列仙傳校箋》，王叔岷撰，北京：中華書局，2007 年。

48. 《列子集釋》，楊伯峻撰，北京：中華書局，1979 年。

49. 《論衡校釋》，（漢）王充撰，黃暉校釋，北京：中華書局，1990 年。

50. 《洛陽伽藍記校釋》，（北魏）楊衒之撰，周祖謨校釋，北京：中華書局，2010 年。

51. 《呂氏春秋新校釋》，陳奇猷撰，上海：上海古籍出版社，2001 年。

52. 《呂氏春秋注疏》，王利器撰，成都：巴蜀書社，2002 年。

53. 《穆天子傳》，《漢魏六朝筆記小說大觀》本，上海：上海古籍出版社，1999 年。

54. 《穆天子傳匯校集釋》，王貽樑、陳建敏撰，上海：華東師範大學出版社，1994 年。

55. 《穆天子傳西征講疏》，顧實撰，上海：商務印書館，1934 年。

56. 《齊民要術》，（北魏）賈思勰撰，《津逮秘書》本。

57. 《潛夫論箋校正》，（漢）王符撰，（清）汪繼培校正，北京：中華書局，1997 年。

58. 《全上古三代秦漢三國六朝文》，（清）嚴可均輯，北京：中華書局，1985 年。

59. 《三國史記》，〔高麗〕金富軾撰，首爾：景仁文化社，1977 年。

60. 《三國志》，（晉）陳壽撰，（劉宋）裴松之注，北京：中華書局，1982 年。

61. 《山海經箋疏》，（清）郝懿行撰，成都：巴蜀書社，1985 年。

62. 《山海經校注》，袁珂撰，成都：巴蜀書社，1996 年。

63. 《上清大洞眞經》，《道藏》（三家本）第 1 冊。

64. 《上清靈寶大法》，《道藏》（三家本）第 31 冊。

65. 《上清外國放品青童內文》，《道藏》（三家本）第 4 冊。

66. 《上清元始變化寶眞上經》，《道藏》（三家本）第 34 冊。

67. 《尚書大傳疏證》，（清）皮錫瑞撰，光緒二十二年師伏堂刊本。

68. 《尚書今古文注疏》，（清）孫星衍撰，北京：中華書局，1986 年。

69. 《尚書正義》，（魏）王肅僞孔安國傳，（唐）孔穎達正義，阮元校刻《十三經注疏》本，北京：中華書局，1980 年。

70. 《少室山房筆叢》,(明)胡應麟撰,上海:上海書店出版社,2001 年。

71. 《神仙傳校釋》,(晉)葛洪撰,胡守爲校釋,北京:中華書局,2010 年。

72. 《神仙通鑒》,徐有期集,張繼宗訂補,臺北:中華世界資料供應出版社,1976 年。

73. 《神異經》,《漢魏六朝筆記小說大觀》本,上海:上海古籍出版社,1999 年。

74. 《拾遺記》,(前秦)王嘉撰、(梁)蕭綺錄,《漢魏六朝筆記小說大觀》本,上海:上海古籍出版社,1999 年。

75. 《史記》,(漢)司馬遷撰,(劉宋)裴駰集解,(唐)司馬貞索隱,(唐)張守節正義,北京:中華書局,1959 年。

76. 《世本八種》,(漢)宋衷注,(清)秦嘉謨等輯,北京:中華書局,2010 年。

77. 《釋名疏證補》,(清)王先謙撰,上海:商務印書館,1937 年。

78. 《水經注校證》,(北魏)酈道元撰,陳橋驛校證,北京:中華書局,2007 年。

79. 《説郛三種》,(元)陶宗儀編,上海:上海古籍出版社,1988 年。

80. 《説文解字注》,(漢)許慎撰,(清)段玉裁注,上海:上海古籍出版社,2014 年。

81. 《四庫全書總目》,(清)紀昀編,北京:中華書局,1965 年。

82. 《宋書》,(梁)沈約撰,北京:中華書局,1974 年。

83. 《隋書》,(唐)魏徵等撰,北京:中華書局,1973 年。

84. 《太平廣記》,(宋)李昉編,北京:中華書局,1961 年。

85. 《太平經合校》,王明撰,北京:中華書局,1960 年。

86. 《太平御覽》,(宋)李昉編,北京:中華書局,1960 年。

87. 《太上洞玄靈寶諸天內音自然玉字》,《道藏》(三家本)第 2 冊。

88. 《太上老君開天經》,《道藏》(三家本)第 34 冊。

89. 《太上老君內觀經》,《道藏》(三家本)第 11 冊。

90. 《太上老君説常清淨妙經》,《道藏》(三家本)第 11 冊。

91. 《太眞玉帝四極明科經》,《道藏》(三家本)第 3 冊。

92. 《緯書集成》,〔日〕安居香山、中村彰八輯,石家莊:河北人出版社,1994 年。

93. 《魏書》,(北齊)魏收撰,北京:中華書局,1974 年。

94. 《文心雕龍注》,(梁)劉勰撰,范文瀾注:北京:人民文學出版社,1962 年。

95. 《文選》，（梁）蕭統編，（唐）李善注，上海：上海古籍出版社，1986年。

96. 《無上秘要》，《道藏》（三家本）第 25 冊。

97. 《吳越春秋輯校匯考》，周生春撰，上海：上海古籍出版社，1997 年。

98. 《新書校注》，（漢）賈誼撰，閻振益、鍾夏校注，北京：中華書局，2000年。

99. 《新增東國輿地勝覽》，〔朝鮮〕盧思愼等撰：平壤：朝鮮科學院出版社，1959 年。

100. 《荀子集解》，（清）王先謙撰，北京：中華書局，1988 年。

101. 《鹽鐵論校注》，（漢）桓寬撰，王利器校注，北京：中華書局，1992 年。

102. 《一切道經音義妙門由起》，《道藏》（三家本）第 24 冊。

103. 《儀禮注疏》，（漢）鄭玄注，（唐）賈公彥疏，阮元校刻《十三經注疏》本，北京：中華書局，1980 年。

104. 《墉城集仙錄》，（唐）杜光庭編，《道藏》（三家本）第 18 冊。

105. 《元曲選外編》，隋樹森編，北京：中華書局，1996 年。

106. 《元始上真眾仙記》，《道藏》（三家本）第 3 冊。

107. 《元始五老赤書玉篇真文天書經》，《道藏》（三家本）第 1 冊。

108. 《雲笈七籤》，（宋）張君房編，李永晟點校，北京：中華書局，2010 年。

109. 《真誥校注》，（日）吉川忠夫、麥谷邦夫編，朱越利譯，北京：中國社會科學出版社，2006 年。

110. 《真靈位業圖校理》，（梁）陶弘景纂，（唐）閭丘方遠校定，王家葵校理，北京：中華書局，2013 年。

111. 《直齋書錄解題》，（宋）陳振孫撰，上海：上海古籍出版社，1987 年。

112. 《周禮正義》，（清）孫詒讓撰，北京：中華書局，1987 年。

113. 《周易古經今注》，高亨撰，北京：中華書局，1987 年。

114. 《周易正義》，（魏）王弼、（晉）韓康伯注，（唐）孔穎達正義，阮元校刻《十三經注疏》本，北京：中華書局，1980 年。

115. 《竹書紀年》，上海古籍出版社影印《二十二子》本，1986 年。

116. 《莊子集釋》，（清）郭慶藩撰，王孝魚點校，北京：中華書局 2007 年。

參考論著

1. 蔡勤禹：《「八字真言」信仰探析》，《東南文化》1993 年第 5 期。

2. 蔡堂根：《九尾狐新解》，《浙江大學學報》2004 年第 1 期。

3. 蔡運章：《洛陽北窯西周墓青銅器銘文簡論》，《文物》1996 年第 7 期。

4. 曾布川寬：《崑崙山と昇仙圖》，《東方學報》51 冊。

5. 陳兵：《道教之道》，《哲學研究》1988 年第 1 期。

6. 陳金文：《論西王母信仰「東方起源」並「秋嘗儀式」說之不成立——與劉宗迪博士商榷》，《青海社會科學》2011 年第 5 期。

7. 陳來：《古代思想文化的世界》，北京：三聯書店，2002 年。

8. 陳夢家：《古文字中之商周祭祀》，《燕京學報》1936 年 19 期。

9. 陳夢家：《六國紀年》，上海：學習生活出版社，1955 年。

10. 陳夢家：《商代的神話與巫術》，《燕京學報》1936 年第 20 期。

11. 陳榮捷：《現代中國的宗教趨勢》，臺北：臺灣文殊出版社，1987 年。

12. 邏文傑主編：《西王母文化研究集成》（考古報告卷），桂林：廣西師範大學出版社，2009 年。

13. 邏文傑主編：《西王母文化研究集成》（論文卷），桂林：廣西師範大學出版社，2008 年。

14. 邏文傑主編：《西王母文化研究集成》（論文卷續編），桂林：廣西師範大學出版社，2011 年。

15. 邏文傑主編：《西王母文化研究集成》（圖像資料卷），桂林：廣西師範大學出版社，2009 年。

16. 邏文傑主編：《西王母文化研究集成》（文獻資料卷），桂林：廣西師範大學出版社，2009 年。

17. 叢德新、羅志宏：《重慶巫山縣東漢鎏金銅牌棺飾的發現與研究》，《考古》1998 年第 12 期。

18. 崔瑞德、魯惟一編：《劍橋中國秦漢史》，楊品泉等譯，北京：中國社會科學出版社，1992 年。

19. 丁山：《中國古代宗教與神話考》，上海：上海書店出版社，2013 年。

20. 杜正勝：《從眉壽到長生——中國古代生命觀的轉變》，《中央研究院歷史語言研究所集刊》第 66 本第 2 分，1955 年。

21. 段德智：《宗教學》，北京：人民出版社，2010 年。

22. 范寧：《牛郎織女故事的演變》，《文學遺產》1984 年增刊第一輯。

23. 范小平：《四川畫像磚藝術》，成都：巴蜀書社，2008 年。

24. 方步和：《河西寶卷真本校注研究》，蘭州：蘭州大學出版社，1999 年。

25. 方介堪：《晉朱曼妻薛買地宅卷》，《文物》1965 年 6 期。

26. 方詩銘：《西王母傳說考——漢人求仙思想與西王母》，《東方雜誌》1946 年第 42 卷第 14 期。

27. 弗雷澤：《永生的信仰和對死者的崇拜》，李新萍、郭於華等譯，北京：

中國文聯出版社，1992 年。

28. 福井康順等監修：《道教》，朱越利等譯，上海：上海古籍出版社，1990年。

29. 復旦大學文史研究院編：《從周邊看中國》，北京：中華書局，2009 年。

30. 葛兆光：《屈服史及其他：六朝隋唐道教的思想研究》，北京：三聯書店，2003 年。

31. 葛兆光：《中國思想史》，上海：復旦大學出版社，1998 年。

32. 葛兆光：《中國宗教文學論集》，北京：清華大學出版社，1998 年。

33. 貢布里希：《秩序感》，楊思梁、徐一維譯，杭州：浙江攝影出版社，1987年。

34. 顧頡剛：《古史辨自序》，石家莊：河北教育出版社，2000 年。

35. 顧森：《漢畫中西王母的圖像研究》，《中原文物》1996 年增刊。

36. 韓秉方：《關於道教創立過程的新探索》，《世界宗教研究》1999 年第 2 期。

37. 何光岳：《西王母的來源和遷徙》，《青海社會科學》1990 年第 6 期。

38. 何幼琦：《〈海經〉新探》，《歷史研究》1985 年第 2 期。

39. 河南省偃師縣文物管理委員會：《偃師縣南蔡莊鄉漢肥致墓發掘簡報》，《文物》1992 年第 9 期。

40. 胡百濤：《六朝道教上清派存思道法研究——以〈上清大洞真經〉為中心》，中國社會科學院 2013 年博士論文。

41. 胡孚琛：《魏晉神仙道教》，北京：人民出版社，1989 年。

42. 湖南省博物館、中國科學院考古研究所：《長沙馬王堆二、三號墓發掘簡報》，《文物》1974 年第 7 期。

43. 湖南省博物館、中國科學院考古研究所編：《長沙馬王堆一號漢墓》，北京：文物出版社，1973 年。

44. 湖南省博物館：《長沙砂子塘西漢墓發掘簡報》，《文物》1963 年第 2 期；

45. 黃勇：《道教筆記小說研究》，成都：四川大學出版社，2007 年。

46. 黃勇：《道教文字觀與書法藝術》，《中國道教》2004 年第 6 期。

47. 黃勇：《方士小說向道士小說的嬗變——以古小說中漢武帝形象的演變為例》，《新疆大學學報》2004 年第 1 期。

48. 霍巍主編：《川大史學》（考古卷），成都：四川大學出版社，2006 年。

49. 簡·詹姆斯：《漢代西王母的圖像志研究》，《美術研究》1997 年第 2～3 期。

50. 姜生：《道教尚黃考》，《中國哲學史》1996 年第 1～2 期。

51. 姜生：《原始道教之興起與兩漢社會秩序》，《中國社會科學》2000 年第 6 期。

52. 金春峰：《漢代思想史》，北京：中國社會科學出版社，2006 年。

53. 卡爾・亞斯貝斯：《歷史的起源與目標》，魏楚雄等譯，北京：華夏出版社，1989 年。

54. 孔飛力：《叫魂：1768 年中國妖術大恐慌》，陳兼、劉昶譯，北京：三聯書店，2012 年。

55. 庫爾班・外力：《西王母新考》，《新疆社會科學》1982 年第 3 期。

56. 李東峰、楊文豔：《漢代西王母與東王公神話的歷史考察》，《寶雞文理學院學報》2007 年第 4 期。

57. 李豐楙：《仙境與遊歷：神仙世界的想像》，北京：中華書局，2010 年。

58. 李劍國：《唐前志怪小說史》，北京：人民文學出版社，2011 年。

59. 李劍國：《唐五代志怪傳奇敘錄》，天津：南開大學出版社，1992 年。

60. 李零：《中國方術正考》，北京：中華書局，2006 年。

61. 李秋香：《論秦漢時期西王母信仰民俗的構建——兼論異地文化認同》，《世界宗教研究》2013 年第 5 期。

62. 李申：《道教本論：黃老、道家即道教論》，上海：上海文化出版社，2001 年。

63. 李申：《黃老、道家即道教論》，《世界宗教研究》1999 年第 2 期。

64. 李晟：《仙境信仰研究》，成都：巴蜀書社，2012 年。

65. 李養正：《道教概說》，北京：中華書局，2001 年。

66. 李養正：《道教經史論稿》，北京：華夏出版社，1995 年。

67. 李亦園、王秋桂主編：《中國神話與傳說學術研討會論文集》，臺北：天恩出版社，1996 年。

68. 李亦園：《神話的意境》，臺北：巨流圖書公司，1977 年。

69. 李約瑟：《中國科學技術史》，北京、上海：科學出版社、上海古籍出版社，1990 年。

70. 李澤厚：《美的歷程》，北京：文物出版社，1981 年。

71. 遼寧省文物考古研究所：《遼寧牛河梁紅山文化「女神廟」與積石冢群發掘簡報》，《文物》1986 年 11 期。

72. 林炳僖：《韓國神話歷史》，廣州：南方日報出版社，2012 年。

73. 林榮澤：《從西王母到無生老母——論道教西王母向民間宗教的轉化》，臺北保安宮 2009 年保生文化暨道教神祇國際學術研討會論文。

74. 林巳耐夫：《刻在石頭上的世界——畫像石述說的古代中國的生活和思想》，唐利國譯，北京：商務印書館，2010 年。

75. 臨沂金雀山漢墓發掘組：《山東臨沂金雀山九號漢墓發掘簡報》，《文物》

1977 年第 1 期。

76. 凌純聲：《崑崙丘與西王母》，《中央研究院民族學研究所集刊》1966 年第 22 期。

77. 劉平、唐雁超：《明清民間教派中的道教因素》，《安徽史學》2010 年第 6 期。

78. 劉師培：《劉申叔先生遺書》，北京：1934 年修綆堂刊本。

79. 劉曉路：《中國帛畫研究 50 年》，《中國文化研究》1995 年第 4 期。

80. 劉屹：《神格與地域——漢唐間道教信仰世界研究》，上海：上海人民出版社，2011 年。

81. 劉永紅：《明清宗教寶卷中的西王母形象與信仰》，《青海社會科學》2011 年第 5 期。

82. 劉宗超：《漢代造型藝術及其精神》，北京：人民出版社，2006 年

83. 劉宗迪：《西王母神話的本土文化背景和民俗淵源》，《杭州師範學院學報》2005 年第 3 期。

84. 劉宗迪：《西王母神話地域淵源考》，《民俗研究》2005 年第 2 期。

85. 柳存仁：《道教史探源》，北京：北京大學出版社，2005 年。

86. 魯迅：《中國小說史略》，北京：人民文學出版社，1976 年。

87. 羅永麟：《中國仙話研究》，上海：上海文藝出版社，1993 年。

88. 羅宗眞：《魏晉南北朝考古》，北京：文物出版社，2001 年。

89. 洛陽博物館：《洛陽西漢卜千秋壁畫墓發掘簡報》，《文物》1977 年第 6 期。

90. 呂大吉：《宗教學通論新編》，北京：中國社會科學出版社，2010 年。

91. 呂繼祥：《關於西王母傳說起源地的探索》，《民間文學論壇》1986 年第 6 期。

92. 呂思勉：《西王母考》，《說文月刊》1936 年第 1 卷第 9 期。

93. 馬西沙、韓秉方：《中國民間宗教史》，北京：中國社會科學出版社，2004 年。

94. 茅盾：《中國神話研究初探》，上海：上海古籍出版社，2005 年。

95. 蒙文通：《略論〈山海經〉的寫作時代及其產生地域》，《中華文化論叢》1962 年第 1 輯。

96. 米爾恰·伊利亞德：《神聖與世俗》，王建光譯，北京：華夏出版社，2003 年。

97. 米歇爾·福柯：《知識考古學》，謝強、馬月譯，北京：三聯書店，1998 年。

98. 蒲慕州：《追尋一己之福：中國古代的信仰世界》，上海：上海古籍出版

社，2007 年。

99. 錢穆：《中國思想史》，香港：新亞書院，1962 年。

100. 卿希泰主編：《中國道教史》，成都：四川人民出版社，1996 年。

101. 饒宗頤：《中國宗教思想史新頁》，北京：北京大學出版社，2000 年。

102. 任繼愈主編：《中國道教史》，北京：中國社會科學出版社，2001 年。

103. 施舟人：《老子中經初探》，《道家文化研究》第十六輯。

104. 施舟人：《中國文化基因庫》，北京：北京大學出版社，2002 年。

105. 石衍豐：《〈枕中書〉及其作者》，《宗教學研究》1986 年第 2 期。

106. 史家珍、李娟：《洛陽新發現西漢畫像磚》，《中原文物》2005 年第 6 期。

107. 四川大學考古專業編：《四川大學考古專業創建三十五週年紀念文集》，
成都：四川大學出版社，1998 年。

108. 四川大學宗教研究所編：《道教神仙信仰研究》，香港：中華道統出版社，
2000 年。

109. 孫昌武：《道教與唐代文學》，北京：人民文學出版社，2001 年。

110. 孫衛國：《傳說、歷史與認同：檀君朝鮮與箕子朝鮮歷史之塑造與演變》，
《復旦大學學報》2008 年第 5 期。

111. 孫作云：《洛陽西漢卜千秋墓壁畫考釋》，《文物》1977 年第 6 期。

112. 譚正璧：《中國小說發達史》，上海：光明書局，1935 年。

113. 唐蘭：《西周青銅器銘文分代史徵》，北京：中華書局，1986 年。

114. 童恩正：《童恩正文集·學術系列·人類與文化》，重慶：重慶出版社，
1998 年。

115. 窪德忠：《道教史》，蕭坤華譯，上海：上海譯文出版社，1987 年。

116. 王葆玹：《南北道家貴陰貴陽說之歧異》，《道教文化研究》第十五輯。

117. 王承文：《東晉南朝之際道教對民間巫道的批判》，《中山大學學報》2001
年 4 期。

118. 王卡：《道教經史論叢》，成都：巴蜀書社，2007 年。

119. 王明珂：《歷史事實、歷史記憶與歷史心性》，《歷史研究》2001 年 5 期。

120. 王明珂：《英雄祖先與弟兄民族》，北京：中華書局，2009 年。

121. 王銘銘：《社會人類學與中國研究》，北京：三聯書店，1997 年。

122. 王青：《〈漢武帝內傳〉研究》，《文獻》1998 年第 1 期。

123. 王育成：《東漢天帝使者類道人的與道教起源》，《道家文化研究》第十六
輯。

124. 聞一多：《神話與詩》，武漢：武漢大學出版社，2009 年。

125. 聞一多：《聞一多全集》，北京：三聯書店，1982 年。

126. 翁銀陶：《〈山海經〉產於楚地七證》，《江漢論壇》1984 年第 2 期。

127. 翁銀陶：《〈山海經〉作於楚懷王末年考》，《求索》1987 年第 5 期。

128. 翁銀陶：《西王母爲東夷族刑神考》，《民間文學論壇》1985 年第 1 期。

129. 巫鴻：《禮儀中的美術——巫鴻中國古代美術史文編》，鄭岩等譯，北京：三聯書店，2005 年。

130. 巫鴻：《武梁祠：中國古代畫像藝術的思想性》，柳揚、岑河譯，北京：三聯書店，2006 年。

131. 巫鴻：《陰陽理論與漢代西王母東王公形象的塑造——山東武梁祠山牆畫像研究》，《西北美術》1997 年第 3 期。

132. 巫鴻：《中國古代藝術與建築中的「紀念碑性」》，李清泉、鄭岩等譯，上海：上海人民出版社，2009 年。

133. 吳晗：《吳晗文集》，北京：北京出版社，1988 年。

134. 吳眞：《爲神性加注：唐宋葉法善崇拜的造成史》，北京：中國社會科學出版社，2012 年。

135. 夏建中：《文化人類學理論學派》，人民大學出版社，1997 年。

136. 蕭兵：《楚辭與神話》，南京：江蘇古籍出版社，1987 年。

137. 蕭兵：《中亞羌種女王西王母——兼論華夏、羌戎與西域—中亞的血肉之情》，《淮陰師範學院學報》1998 年第 1 期。

138. 小林正美：《唐代的道教與天師道》，王皓月、李之美譯，齊魯書社，2013 年。

139. 小南一郎：《中國的神話傳說與古小說》，孫昌武譯，北京：中華書局，2006 年。

140. 信立祥：《漢代畫像石研究》，北京：文物出版社，2000 年。

141. 邢義田：《畫爲心聲：畫像石、畫像磚與壁畫》，北京：中華書局，2012 年。

142. 徐小躍：《羅教·佛學·禪學》，南京：江蘇人民出版社，1999 年。

143. 楊利慧：《神話與神話學》，北京：北京師範大學出版社，2009 年。

144. 楊守敬：《日本訪書志》，瀋陽：遼寧教育出版社，2003 年。

145. 葉舒憲：《英雄與太陽》，西安：陝西人民出版社，2005 年。

146. 余嘉錫：《四庫提要辯證》，北京：中華書局，2007 年。

147. 余英時：《東漢生死觀》，侯旭東等譯，上海：上海古籍出版社，2005 年。

148. 余英時：《論天人之際——中國古代思想起源試探》，北京：中華書局，2014 年。

149. 余英時：《士與中國文化》，上海：上海人民出版社，1987 年。

150. 余英時：《文史傳統與文化重建》，三聯書店，2004 年。

151. 俞偉超：《東漢佛教圖像考》，《文物》1980 年第 5 期。

152. 袁珂：《神話論文集》，上海：上海古籍出版社，1982 年。

153. 袁珂：《中國神話史》，上海：上海文藝出版社，1988 年。

154. 袁珂主編：《中國神話》第一集，北京：中國民間文藝出版社，1987 年。

155. 雲夢睡虎地秦墓編寫組：《雲夢睡虎地秦墓》，北京：文物出版社，1981 年。

156. 張道一：《漢畫故事》，重慶：重慶大學出版社，2006 年。

157. 張光直：《中國青銅時代》，北京：三聯書店，1999 年。

158. 張倩儀：《魏晉南北朝昇天圖研究》，北京：商務印書館，2010 年。

159. 張勳燎、白彬：《中國道教考古》，北京：線裝書局，2006 年。

160. 章太炎：《章太炎全集》，上海：上海人民出版社，1984 年。

161. 趙殿增、袁曙光：《「天門」考——兼論四川漢畫像磚（石）的組合與主題》，《四川文物》1990 年第 6 期。

162. 鄭志明：《無生老母溯源》，臺北：文史哲出版社，1985 年。

163. 鄭志明主編：《西王母信仰》，臺北：南華管理學院，1997 年。

164. 鄭州市博物館：《鄭州新通橋漢代空心磚墓》，《文物》1972 年第 10 期。

165. 鄭州市文物考古研究所：《鄭州市南關外漢代畫像空心磚墓》，《中原文物》1997 年第 3 期。

166. 中國歷史博物館考古部編：《中國歷史博物館考古部論文集》，北京：科學出版社，2000 年。

167. 鍾兆鵬：《讖緯論略》，瀋陽：遼寧教育出版社，1995 年。

168. 朱芳圃：《中國古代神話與史實》，鄭州：中州書畫社，1982 年